LE
DIOCÈSE DE SAINT-BRIEUC

PENDANT LA

PÉRIODE RÉVOLUTIONNAIRE

NOTES ET DOCUMENTS

TOME III

LE·DOYENNÉ DE LAMBALLE

SAINT-BRIEUC

IMPRIMERIE-LIBRAIRIE-LITHOGRAPHIE RENÉ PRUD'HOMME
Imprimeur de Sa Grandeur Monseigneur l'Evêque
1899

LE DIOCÈSE DE SAINT-BRIEUC

PENDANT LA

PÉRIODE RÉVOLUTIONNAIRE

LE
DIOCÈSE DE SAINT-BRIEUC

PENDANT LA

PÉRIODE RÉVOLUTIONNAIRE

NOTES ET DOCUMENTS

TOME III

LE DOYENNÉ DE LAMBALLE

SAINT-BRIEUC

IMPRIMERIE-LIBRAIRIE-LITHOGRAPHIE RENÉ PRUD'HOMME

Imprimeur de Sa Grandeur Monseigneur l'Evêque

1899

Lorsque parurent en 1894-95 les deux volumes de
Documents pour servir à l'Histoire de la période révolutionnaire dans le diocèse de Saint-Brieuc, quelques prêtres
regrettèrent de n'y point trouver la Conférence du Doyenné
de Lamballe. L'Auteur, après avoir communiqué à ses
confrères plusieurs pages intéressantes de son important
travail, se réservait de le publier à l'heure opportune, après
l'avoir enrichi de nouvelles pièces authentiques. Il ne
convenait point de déflorer ce livre annoncé, en lui enlevant
ses meilleures pages.

Cependant, la mort vint frapper ce prêtre avant qu'il
goûtât la consolation de constater l'intérêt et l'édifica-
tion que ses compatriotes éprouvent aujourd'hui à la lecture
de son œuvre. Par un religieux respect pour le désir du
vénéré défunt, on a tenu à livrer au public ce manuscrit
écrit avec un souci scrupuleux de la vérité, un amour
ardent des gloires religieuses du pays de Lamballe et un
vif esprit de foi.

Quelques critiques ont cherché dans les volumes précé-
dents ce qu'ils n'y pouvaient point trouver : plusieurs des
conférences publiées avaient la valeur scientifique d'une
page d'histoire, d'autres composées par des conférenciers

désignés par le sort, sans aucune préoccupation de publicité, fournissaient simplement des indications à vérifier, aux érudits qui étudient l'histoire complexe de la période révolutionnaire. Le troisième volume appartient, croyons-nous, à la première catégorie : il a été composé pour le public et soigneusement élaboré.

Quelques considérations générales ont disparu : on les a supprimées pour mettre en plus haut relief les faits de l'histoire locale.

Puissent ces pages obtenir à l'Auteur le souvenir ému d'une prière !

AVANT-PROPOS

Longtemps nous avons hésité à publier ce modeste travail, à cause des réelles difficultés que rencontre encore aujourd'hui l'histoire locale de cette époque si malheureuse et si troublée de la Révolution.

Le désir que Monseigneur Fallières nous a témoigné de le voir imprimé, a suffi pour faire disparaître toutes nos hésitations.

Nous le devions à notre excellent Evêque, qui ne cesse de donner à ses prêtres des preuves si éclatantes de sa paternelle sollicitude et qui défend si vaillamment, dans la lutte actuelle, la foi de ses enfants.

Ce ne sera pas une de ses moindres gloires, d'avoir arraché à un oubli éternel, en les faisant imprimer à ses frais, pour tout son diocèse, tant d'exemples d'héroïsme sacerdotal, de courage chrétien, de foi vive et inébranlable, de patience invincible qui élèvent les âmes, trempent les caractères et inspirent les plus sublimes dévouements.

Que Sa Grandeur en reçoive ici nos sincères remerciements et qu'elle soit bien persuadée que ses fidèles diocésains lui en garderont la plus vive gratitude.

Si l'enfance de la génération présente avait été bercée par ces récits et ces nobles exemples, où l'on voit la personnalité égoïste toujours sacrifiée à la défense des principes religieux et sociaux, aurions-nous à l'heure actuelle à déplorer tant d'indifférence et d'inertie devant le flot montant des doctrines impies ?

Nous ne le croyons pas, parce que ces exemples de grandes vertus ne sont jamais offerts à la jeunesse, sans exciter en elle de profondes sympathies, je dirai même un véritable enthousiasme, sans produire des fruits durables. Tant est vrai le mot de Platon : « Que si la vertu prenait une forme visible, elle exciterait d'admirables amours. »

Puissent les quelques beaux traits que renferme ce volume pénétrer les jeunes âmes qui le liront, des sentiments généreux qui les ont inspirés et leur donner pour notre sainte religion et la patrie un attachement à toute épreuve !

Ils y apprendront au prix de quels sacrifices et avec quel courage vraiment chrétien, leurs ancêtres surent défendre leurs prêtres, et combien il en coûta à ceux-ci, pour arracher notre pays au schisme, à l'hérésie et lui conserver la foi catholique.

Malgré des lacunes irréparables, grâce à l'aimable obligeance et au concours aussi intelligent qu'empressé de nos chers confrères, nous sommes arrivé à faire, sinon une histoire intéressante de Lamballe et de son doyenné, pendant la Révolution, du moins un précis d'histoire religieuse aussi complet que possible.

Nous nous sommes fait un devoir de ne puiser qu'aux sources authentiques ; d'abord aux *Archives municipales* de la ville de Lamballe que Messieurs les Maires Charrion, Auffray et Converset ont gracieusement mises à notre disposition ; aux *Archives départementales* ; aux récits des vieux et vénérables prêtres que nous avons eu le bonheur de connaître, il y aura bientôt quarante ans, et qui avaient été en rapport avec plusieurs de nos confesseurs de la foi ; enfin aux *traditions* qui se transmettent si fidèlement de génération en génération dans nos chrétiennes paroisses.

Pour quelques faits seulement, que l'esprit de parti avait intérêt à retrancher des pièces officielles, force nous a été de nous en rapporter à certains de nos concitoyens, d'ailleurs des plus honorables, qui en avaient été les témoins ou qui les avaient appris de la bouche même de leurs ancêtres.

Nous pouvons donc dire, en toute sincérité, que nous n'avons rien raconté, sans l'examen le plus minutieux et le plus consciencieux.

Voilà pourquoi nous présentons cet opuscule avec pleine confiance à nos pieux lecteurs.

Puisse-t-il leur faire quelque bien, c'est notre plus ardent désir !

CAURET, T.,

Aumônier de l'hospice civil.

Lamballe, 15 mai 1897.

LE DOYENNÉ DE LAMBALLE

PENDANT

LA PÉRIODE RÉVOLUTIONNAIRE

(NOTES ET DOCUMENTS)

Les débuts de la Révolution à Lamballe.

En 1788, le Général de Lamballe envoya aux États Généraux un cahier d'observations que nous ne pouvons transcrire ici, à cause de sa longueur, mais dont nous allons donner un court aperçu qui suffira pour montrer à nos lecteurs dans quel état d'esprit se trouvaient alors les notables lamballais.

Il n'est pas besoin d'une longue observation pour voir que ceux-là mêmes qui devaient être bientôt les victimes de la Révolution, en étaient au début les zélés partisans.

Plusieurs durent certainement le signer d'une manière inconsciente et sans avoir réfléchi aux conséquences fatales que devaient avoir leurs demandes.

D'autres, imbus des erreurs de Jean-Jacques Rousseau, et le Rédacteur du cahier, tout le premier, le signèrent en pleine connaissance de cause.

Ils ne prévoyaient pas, du moins beaucoup d'entre eux, que pour détruire les nombreux abus dont ils réclamaient la suppression, on allait renverser de fond en comble tout l'édifice social.

Ils avaient en vue, disaient-ils, les intérêts du peuple, dont en effet, il était temps d'améliorer le sort, mais pour y arriver, ils dépouillaient la royauté de tout ce qui pouvait alors en faire le soutien, et tout en s'engageant à prier pour le roi, ils sapaient son autorité dans ses fondements.

Les auteurs de cette délibération se disaient inviolablement attachés à la Monarchie, et cependant ce qu'ils demandaient conduisait tout droit à la *Souveraineté du peuple* et par suite à la République.

En effet, accorder autant de suffrages au Tiers tout seul, qu'aux deux ordres du clergé et de la noblesse réunis, ce n'était pas seulement, comme ils le disaient, l'égaler aux deux autres ordres, mais lui donner sur eux la prépondérance pour plusieurs raisons qui sautent aux yeux.

Premièrement, les intérêts du clergé et de la noblesse n'étant pas en tout absolument identiques, leurs suffrages ne devaient pas être unanimes.

Deuxièmement, une grande partie du clergé du second ordre, tenant plus par sa naissance et par son humble position au Tiers qu'à la noblesse, ne devait pas voter avec celle-ci, et c'est ce que l'on vit.

De cette manière, le tiers devait nécessairement avoir la majorité des voix dans l'Assemblée des États généraux.

Afin qu'il eût tout à fait la souveraineté, il ne s'agissait plus que d'enlever au roi son droit de véto ; ce qui arriva en effet, et l'on eut alors la République.

C'est ainsi que nos compatriotes, pour obtenir l'égalité entre les trois ordres de l'État, posaient un principe qui accordait tout pouvoir à la démocratie et assujettissait par là-même les ordres du clergé et de la noblesse au Tiers-État.

C'était le but des révolutionnaires, et tout le monde sait avec quelle rigueur ils tirèrent les conséquences de ce principe faux.

D'après ce que nous venons de voir..., il est facile de comprendre que la Révolution eut un funeste retentissement à Lamballe.

Il y avait dans cette ville et dans les environs un grand nombre de familles nobles qui possédaient la plupart des terres du pays.

Leurs biens et leurs richesses, beaucoup plus que l'amour de la liberté et la crainte de la servitude, excitèrent le zèle révolutionnaire et les convoitises de quelques lamballais qui n'avaient pas le sou et qui brûlaient de s'enrichir à quelque prix que ce fût.

La proie qu'ils avaient sous les yeux était grasse, aussi n'hésitèrent-ils pas à employer tous les moyens les plus inavouables et les plus infâmes pour la dévorer. La résistance qu'on leur opposa quelquefois ne fit qu'augmenter davantage leur fureur.

En outre de cette haine sauvage qui les animait contre les riches, ils avaient à cœur une haine encore plus féroce contre la religion, qu'ils avaient puisée dans la lecture assidue des libelles et des pamphlets de Voltaire et de Rousseau.

Tous étaient affiliés à la Franc-Maçonnerie ; nous avons vu les insignes maçonniques de plusieurs d'entre eux qui appartenaient à la loge de Saint-Brieuc. Il n'y eut peut-être pas dans toute la Bretagne d'hommes plus exaltés qu'eux, ni de plus dociles instruments de la secte impie qui tyrannisa si cruellement notre infortunée patrie.

C'est ce qui explique les excès de tous genres qui se commirent dans la ville et dans le voisinage pendant cette période de la Révolution où la Terreur tenait la place des lois. Nous en ferons la triste et lamentable histoire avec toute la prudence et les ménagements que nous impose la pitié pour les parents de ces hommes sinistres, qui déplorent les crimes de leurs ancêtres, et n'ont cessé de travailler à les faire oublier par toutes sortes de réparations et de bonnes œuvres.

Mais, que l'on se garde bien de croire que la masse du peuple lamballais prît part à ces excès ou les approuvât. Bien loin de là : il était alors, comme aujourd'hui, simple et bon, inébranlablement attaché à la religion de ses pères, et il ne voyait qu'en gémissant ces scènes de désordre contre lesquelles il ne pouvait rien à cause de la présence des troupes qui paralysaient toute résistance.

Les descendants de ces braves qui se battirent corps à corps avec les troupes du prince de Dombes en 1589 sur nos remparts, et préféreront mourir glorieusement, pour la défense de leur foi, plutôt que de tomber vivants entre les mains des lansquenets allemands d'Henri IV, se montrèrent dignes de leurs aïeuls.

Un certain nombre de lamballais, indignés de la persécution que les révolutionnaires firent subir à notre sainte religion, s'empressèrent de prendre les armes pour la défendre en s'enrôlant dans l'armée catholique.

C'est avec un sensible plaisir que nous avons vu, dans le livre que M. de Pontbriand vient de faire paraître, sur *La Chouannerie dans notre pays* (1), le nom de Laurent Vivier, notre compatriote, comme chef de bataillon.

Ceux qui ne purent suivre ces nobles cœurs, manifestèrent leur dévouement à l'Eglise catholique, en cachant des prêtres fidèles, au prix de leur vie, pendant toute la Révolution.

Mais, il faut bien l'avouer, à Lamballe, comme partout ailleurs, l'épouvante et la peur avaient singulièrement affaibli l'énergie des plus honnêtes citoyens.

Les meneurs, bien qu'en très petit nombre, avec quelques étrangers pires qu'eux, entraînèrent malheureusement les faibles par la terreur à des actions dont ils avaient intérieurement horreur.

C'est donc sur quelques énergumènes seulement, et non

(1) *Mémoires du colonel de Pontbriand sur les guerres de la Chouannerie*, chez Plon, 1897.

sur la majorité des habitants de Lamballe, qu'il faut faire retomber les crimes et les folies que cette ville eut à déplorer sous le règne de l'anarchie.

Avant de parler du clergé lamballais, nous croyons nécessaire de montrer la fausseté de la calomnie portée contre le clergé en général par ses ennemis qui l'accusaient d'être hostile à la liberté.

À l'époque qui nous occupe, la haine contre la religion s'était hypocritement parée du prétexte de restaurer les finances de l'Etat et de réformer les abus.

Avec ces grandes phrases, on avait fait appel aux passions et aux convoitises populaires ; mais en réalité, on ne s'inquiète pas du tout des finances de l'Etat, pas plus que de l'intérêt général.

L'on pouvait très facilement restaurer les finances, si on l'avait voulu, détruire les abus, établir les rapports de l'Eglise et de l'Etat sur une base solide et acceptée des deux côtés ; c'était une œuvre magnifique à entreprendre ; les révolutionnaires n'en ont même pas soupçonné la grandeur ! ! !

Que dis-je ? Ils n'ont songé qu'à une seule chose, enlever son argent à l'Eglise, sans en faire bénéficier l'Etat, exciter contre elle les passions populaires, asservir et avilir le clergé pour détruire le catholicisme.

Pour savoir réellement ce que pensait le clergé sur la Constitution politique du royaume, sur les abus à corriger, il faut prendre ses cahiers qui contiennent ses vœux et ses désirs. « Combien de gens, dit M. Sciout (1), autour de « nous exaltent les conquêtes de 89, déclament contre « l'esprit illibéral du clergé et ne donnent pas les libertés « que le clergé réclamait et réclame encore. Le clergé seul, « avec son programme, pouvait renouveler la France. « Pourquoi loin de s'associer à son œuvre, l'a-t-on persé- « cuté ? C'est qu'il était condamné à l'avance. »

____

(1) *La Constitution civile du clergé*, 1 vol.

« Je ne sais, dit le libéral M. de Tocqueville (1) si à
« tout prendre, et malgré les vices éclatants de quelques-
« uns de ses membres, il y eut jamais dans le monde un
« clergé plus remarquable que le clergé catholique de
« France, au moment où la Révolution l'a surpris, plus
« éclairé, plus national, moins retranché dans les seules
« vertus privées, mieux pourvu des vertus publiques et en
« même temps de plus de foi.

« La persécution l'a bien montré. Il faut relire les
« cahiers de l'ordre du clergé en 1789. Le clergé s'y
« montre aussi ennemi du despotisme, aussi favorable à la
« liberté civile et aussi amoureux de la liberté politique
« que le Tiers-Etat. »

A l'époque de la Révolution, il y avait à Lamballe vingt-
trois prêtres dont voici les noms : Messieurs Millet, recteur
de Saint-Jean ; Méheust, sacriste (il n'y avait pas encore
de vicaire à cette paroisse) ; Mahé, Besnard, Michel Gallet-
Duclos, Jean-Baptiste Briosne, Grolleau-Kervat, Marhaut,
tous attachés à l'église Saint-Jean, comme prêtres habitués.
Il y avait en plus les cinq chanoines de Notre-Dame :
Micault de Soulleville, doyen ; Metris de la Salette ; François Le Moine ; Millet, recteur de Saint-Jean, et Sorgniard ;
M. Duchemin desservait le grand hôpital, comme aumônier ;
Henri Briosne, le petit hôpital ou Hôtel-Dieu ; Bichemin,
la chapelle de Saint-Barthélemy dont relevaient les rues
de Maroué ; M. Brault était recteur de Saint-Martin et avait
M. Hervé, comme vicaire ; M. René-Gilles Abgral était
chapelain des Ursulines. A la communauté des Augustins,
se trouvaient le P. Jean Verne, prieur ; Jacques Jannerod,
sous-prieur ; Théodore Bernard, procureur ; Julien-Armel
Echelard, sacriste, puis les frères René-Nicolas Le Vavasseur et Alexandre Le Brun.

Au commencement de 1790, comme tout le monde le

____

(1) *L'Ancien régime et la Révolution*, p. 169.

sait, la Révolution lança son programme et donna à la France une première Constitution qui fut acceptée avec une réelle bonne foi et même avec empressement dans beaucoup d'endroits.

Si, à Saint-Brieuc, le clergé et tous les corps constitués prirent part à la grande fête du 14 février et y prêtèrent le serment civique, aux applaudissements de la foule, il n'en fut pas ainsi à Lamballe : elle se fit, comme nous le verrons tout à l'heure, sans enthousiasme et avec un calme extraordinaire.

Dans cette année de 1790, l'on installa le nouveau système d'administration par département, par district et par commune. Les citoyens actifs n'étaient pas seulement appelés à nommer des représentants à tous les degrés de la hiérarchie administrative, mais ils pouvaient encore se réunir et rédiger des pétitions en toute liberté.

Ce système consacrait le principe des assemblées populaires permanentes, clubs ou autres, avec leurs émotions, leurs entraînements et leurs dangers de toute sorte : en un mot, c'était l'intervention directe de chaque individualité dans les affaires publiques, c'était l'anarchie.

Une commission de trois membres nommés par le Roi, fut chargée de procéder à la formation des cantons, des districts et du département.

Le nôtre fut divisé en neuf districts, savoir : Saint-Brieuc, Dinan, Lamballe, Guingamp, Loudéac, Lannion, Broons, Pontrieux et Rostrenen.

Les électeurs choisis par les assemblées primaires se réunirent à Saint-Brieuc sous la présidence de l'abbé Cormaux, recteur de Plaintel, de cet apôtre si populaire dont la parole ardente enthousiasmait nos populations et les confirmait solidement dans la foi.

Comme beaucoup d'autres, il avait cru arrivée l'ère du redressement des abus, des réformes attendues et demandées par toutes les classes, l'ère de la justice et de la vraie liberté.

Son attachement aux idées nouvelles et ses illusions furent de courte durée, et il eut l'insigne honneur de donner son sang pour la foi de Jésus-Christ, en mourant courageusement sur l'échafaud.

Les électeurs, de retour dans leurs districts, en nommèrent la nouvelle administration qui fut soumise à celle du département.

C'est dans l'église de Notre-Dame que les lamballais tinrent leurs premières assemblées pour l'élection des membres des nouvelles administrations.

Le 14 juin 1790, après trois sons de cloche, on vit les électeurs entrer dans l'église et M. l'abbé Minet, recteur de Plédéliac, choisi pour la circonstance, entonna le *Veni Creator*, fit un discours — peu éloquent, d'après les témoins — et chanta les prières pour le Roi.

La persécution contre le clergé n'était pas encore commencée ; l'on se servait même alors très volontiers du prêtre, à condition qu'il fût souple et pas gênant : autrement, le parti révolutionnaire, qui cachait hypocritement son but, se montrait peu tolérant.

Malgré l'arrivée de la garde nationale, avec son colonel M. Bellanger, qui fit appel au patriotisme de ses concitoyens, malgré le troisième discours du maire d'alors, l'honorable M. Micault de Mainville, qui fut très applaudi, d'après le procès-verbal, aucun résultat ne fut obtenu.

L'électeur se montrait revêche et il en fut ainsi les deux jours suivants.

Enfin, au bout de trois jours d'héroïques efforts et d'incessantes prières près des citoyens électeurs, l'on put, quoique péniblement, arriver à un résultat.

Le 17 Juin, après lecture d'une adresse au Roi et aux membres de l'Assemblée, M. l'abbé Minet, assisté de M. Baudouard, recteur de Hénansal, administrateur du département, entonna de sa belle voix, un *Te Deum*, en action de grâces.

C'était vraiment le moins qu'ils pussent faire, après un succès si difficilement obtenu.

Pour achever de célébrer dignement cette mémorable journée, M, Bouëtard, recteur de Pléhérel, plus tard curé-constitutionnel de Moncontour et dans la suite l'orateur du conciliabule de Paris, adressa un discours à l'assemblée qui se composait des officiers de la Garde nationale, du régiment de Poitou, des membres de la municipalité et d'un certain nombre d'électeurs.

Les auditeurs sérieux qui, comme bien ailleurs, s'étaient laissé entraîner, un moment, par le mirage des idées nouvelles, s'en allèrent de la cérémonie très mécontents de l'orateur dont le bavardage trivial et absolument dénué de bon sens, les avait écœurés. Nos compatriotes l'avaient bien jugé, s'il faut en croire ce qu'en dit M. Le Sage dans ses mémoires.

« Le plus hardi des frères jureurs, écrit le spirituel « chanoine, c'était Bouëtard aîné, prétendu savant uni- « versel, bavard et présomptueux, aussi repoussant par « son extérieur plat et ignoble que par son langage qui « n'était qu'un mauvais patois. » Si au chef-lieu du département, l'enthousiasme de cette fête fut tel que les dames elles-mêmes eurent leur manifestation et un registre pour recevoir leur serment civique, il n'en fut pas de même de la population lamballaise qui s'y montra en grande partie très indifférente.

Nous voyons quelques prêtres et quelques citoyens venir les uns un jour, les autres un autre, prêter le serment civique devant l'autorité municipale, Le 9 juillet, les prêtres, Charles Méheust, Jean Besnard et César Grolleau le prêtèrent en compagnie de quelques citoyens.

Le 12 juillet, ce fut le tour de MM. Abgral, Duchemin, Hervé, Sorgniard et Le Moine. Charles-Marie Damar, religieux bernardin, prieur de l'abbaye de Saint-Aubin-des-Bois, le prêta aussi en son nom et au nom des cinq religieux de sa maison.

La fête du 14 juillet, dite de la Fédération nationale, fut célébrée avec plus de pompe et un peu plus d'enthousiasme.

Le Conseil municipal décida de prendre les délégués qui devaient assister à la fête de Paris, le 14, parmi ceux qui se pourvoiraient, à leurs frais, d'uniformes, d'armes et accoutrements ordinaires, et qu'ils recevraient le même traitement que les délégués de Saint-Brieuc.

Les Commissaires nommés pour organiser la fête, présentèrent un projet d'obélisque à élever en souvenir de la fête mémorable qui intéressait, à un si haut degré, tous les Français, et dont les frais étaient évalués à 360 francs.

Nous avons eu beau consulter toutes les délibérations ultérieures de notre assemblée municipale, nous n'avons pu rien trouver qui indique qu'il ait jamais été élevé sur l'une de nos places publiques ; comme tant d'autres, ce projet resta en chemin et ne vit jamais le jour.

La seconde partie du programme de la fête fut plus heureuse et surtout plus pratique.

« Considérant qu'un moment aussi intéressant que celui
« de la Fédération du 14 juillet, ne peut être plus digne-
« ment décoré que par des actes de bienfaisance envers
« les pauvres, mais considérant que la Caisse municipale
« est chargée d'une multitude de dépenses urgentes et qu'il
« est indispensable d'administrer ses fonds avec économie,
« l'assemblée a arrêté qu'il sera ouvert une souscription
« en faveur des pauvres et qu'il sera donné sur la Caisse
« de la municipalité, un baril de riz (1).

« Chacun des membres de l'Assemblée ont présentement
« souscrit et se sont chargés de demander aux particuliers
« riches des secours pour les pauvres.

« Le produit de cette souscription sera remis le jour de
« la fête patriotique, au bureau des dames de la charité. »

« En 1790, à Lamballe, comme dans toute la Bretagne,

(1) Séance du 3 juillet 1790.

« les goûts étaient simples. Vêtu d'étoffes grossières, le
« bourgeois lamballais n'avait qu'un seul habit fin confec-
« tionné à l'occasion de son mariage et servant successi_
« vement à plusieurs générations. On n'allumait du feu
« que dans la cuisine qui, en hiver, tenait lieu de salle à
« manger et de salon. Un pot de terre contenant de la
« braise réchauffait les commerçants et les gens d'affaires,
« lorsque le froid se faisait sentir. On ignorait générale-
« ment l'usage des vitres que remplaçait du papier huilé.
 « La frugalité des repas était si grande que les gens
« désireux de faire bonne chère, prenaient le parti d'aller
« au cabaret, où ils se régalaient d'une bouteille ou deux
« de cidre et d'un morceau de fromage blanc (1). »

Dans un rapport sur les vingt volontaires qui partirent
pour la frontière en 1792, nous avons lu dans nos archives
municipales que leur taille était de six pieds et plus, qu'ils
étaient tous d'une vigoureuse constitution.

Dans la séance du 9 juillet, il fut décidé que pour
célébrer dignement la fête du 14 juillet, l'on chanterait à
l'église Notre-Dame une messe solennelle à laquelle furent
convoqués tous les corps constitués, avec les officiers de la
Garde nationale et du régiment de Poitou.

M. l'abbé Micault de Souleville, doyen des chanoines de
Notre-Dame, chanta la messe, ayant pour diacre M. Michel
Gallet Duclos et pour sous-diacre, M. Louis Bichemin.

Ce premier pas fait dans la voie des concessions devait
les entraîner bien plus loin, et les conduire tous les trois
peu à peu à la plus honteuse défection, comme nous le
verrons tout à l'heure.

L'enthousiasme fut assez grand ; tous prêtèrent le
serment civique aux cris de la foule qu'impressionnaient
vivement ces fêtes nouvelles rehaussées par les pompes
de la religion et le son du canon.

(1) Tableau historique des départements.

C'était l'enfance de la Révolution, et parmi les enthousiastes, bien peu devinaient alors l'abîme que couvraient ces fleurs ; bien peu prévoyaient le sang, les ruines et les souffrances qui allaient suivre cette universelle allégresse. Le désenchantement ne tarda pas à venir pour plusieurs.

Si les événements prirent la tournure que nous savons, c'est que la franc-maçonnerie avait réussi à faire nommer membres du Tiers-Etat, un très grand nombre d'hommes pervertis par les erreurs des philosophes du xviii⁰ siècle et déjà affiliés aux loges.

Ecoutons à ce sujet un savant qui a étudié à fond la question dans les documents officiels et les plus authentiques.

« Dans les assemblées primaires, dit M. Claudio-Jannet (1)
« le Tiers-Etat avait rivalisé avec la noblesse et le clergé,
« pour affirmer sa foi catholique et son attachement au
« gouvernement monarchique ; il en avait consigné l'ex-
« pression authentique dans les cahiers, véritables mandats
« impératifs, en dehors desquels les députés étaient abso-
« lument sans pouvoir. D'où vient donc que ces députés
« aient déchiré les cahiers et trahi, avec leurs serments,
« la confiance de leurs mandants ?

« Le voici : les loges n'avaient pas osé affronter une
« discussion publique lors de la rédaction des cahiers ;
« mais elles avaient fait prendre, à leurs affiliés, des
« engagements secrets, en cas d'élection. Les membres,
« une fois élus, furent placés entre les engagements vis-
« à-vis de la nation mandataire et la soumission aux
« ordres de la franc-maçonnerie. »

On trouve la preuve de ces ordres dans la circulaire, envoyée en juin 1788, par le comité central du Grand-Orient aux vénérables des loges de province.

« Aussitôt, était-il dit, que vous aurez reçu le paquet

____

(1) *La Franc-Maçonnerie et la Révolution*, p. 197.

« ci-joint vous en accuserez la réception, vous y joindrez
« le serment d'exécuter fidèlement et ponctuellement, tous
« les ordres qui vous arriveront sous la même forme, sans
« vous mettre en peine de savoir de quelle main ils par-
« tent, ni comment ils vous arrivent. Si vous refusez ce
« serment, ou si vous y manquez, vous serez regardés
« comme ayant violé celui que vous avez fait à votre entrée
« dans l'ordre des Frères. Souvenez-vous de l'*Aqua
« Tophana* ; souvenez-vous des poignards qui attendent
« les traîtres. »

Voilà ce qui explique toutes les lois liberticides et les
abominables forfaits dont la France va être la victime. La
Révolution approchait. Elle s'annonçait par l'agitation
des esprits et l'on sentait fermenter ces idées qui pré-
parent les grands bouleversements et enfantent les catas-
trophes.

Les États généraux s'assemblèrent à Versailles le 4 mai.
Le 17 juin suivant, le Tiers-État s'érigeait en Assemblée
nationale, méconnaissant la volonté des électeurs qui
n'avaient pas donné à leurs mandataires la mission de
changer la constitution politique du royaume, mais celle
d'opérer des réformes définies d'avance. Une partie des
députés de l'ordre du clergé, en se réunissant au Tiers-État,
favorisa cette usurpation de pouvoir dont l'Église ne tarda
pas à subir les premières conséquences.

Cinq mois plus tard, l'Assemblée nationale confisquait
purement et simplement les biens du clergé dont elle
récompensait ainsi les concessions.

Ôter au clergé sa considération, son influence politique
et sociale, son indépendance et sa liberté, en le réduisant,
de la condition de grand propriétaire à celle de simple
salarié, tel était le but de la franc-maçonnerie. L'Assemblée s'empressa de réaliser ces vœux de la secte, en décré-
tant, dans sa séance du 6 août, que les biens ecclésiastiques
appartenaient à la nation. Ainsi, on foulait aux pieds les

fondations les plus sacrées et le droit de propriété était solennellement violé.

« Mais, comme le dit justement M. Sciout, ce n'était
« pas assez d'enlever à l'Eglise ses plus fidèles serviteurs
« et aux ministres des autels le moyen de partager leurs
« revenus avec les pauvres ; les impies savaient que les
« pasteurs, dépouillés des biens de ce monde, pouvaient
« n'en acquérir que plus de ces vertus et de cette autorité
« qui font l'admiration des peuples et les sanctifient. Il
« fallait donc encore, pour tromper les français attachés à
« leurs dogmes et à leur culte, effacer de leur esprit toutes
« les idées de respect, d'estime et de vénération pour
« leurs pasteurs. Le patriarche des sectaires avait dit à
« ceux qui tenaient avec lui la plume de l'impiété, pour
« écraser la Religion : « *Mentez, mentez toujours, il en*
« *restera quelque chose.* » Les adeptes de son infamie, plus
« libres et plus forts que le maître, eurent recours, pour
« mentir, au langage plus expressif et plus simple de la
« caricature et du mauvais exemple.

« Sans respect pour les mœurs, comme pour la vérité,
« ils tapissèrent les quais et les boutiques des caricatures
« les plus outrageantes pour les ministres de la religion.

« Ici, le burin représentait sous les emblèmes de l'ava-
« rice et sous les formes les plus bizarres, des prêtres
« pleurant sur des trésors que le peuple s'empressait de
« leur enlever ; là, sous les images les plus lascives, on
« produisait les prêtres comme des hommes perdus de
« débauche, dissipant dans les plaisirs le patrimoine des
« pauvres ; ailleurs, ceux dont la réputation était le mieux
« établie et les vertus les plus connues, étaient représentés
« sous les emblèmes des animaux les plus vils et les plus
« dégoûtants.

« La calomnie n'avait cependant pas renoncé à l'action
« corrosive du langage ; c'étaient tantôt des brochures
« écrites dans le style des halles, où l'on prêchait à la

« populace des sentiments ignobles, et tantôt des scènes
« de théâtre où l'on mêlait à des paroles dépravées, les
« spectacles les plus indécents sur la doctrine et les mœurs
« du clergé. La Révolution est là tout entière avec ses
« violences, ses convoitises, son écume, sa bave sanglante
« et ses obscénités.

« Il suffit de lire quelques passages de l'*Ami du peuple*,
« de l'*Affreux Marat*, du *Père Duchesne d'Hébert* et de
« tant d'autres journaux du temps, pour voir que les
« fumées du sang leur montent à la tête.

« Tous ces pièges dressés à la bonne foi française avaient
« réussi, dans la plupart des villes, à soulever les fureurs
« de la populace, mais ils n'atteignaient pas assez promp-
« tement les résultats que leurs auteurs étaient en droit
« d'attendre. Ils décidèrent que, pour *décatholiciser la*
« *France*, il fallait la tromper encore, en mêlant l'hypocri-
« sie au mensonge (1). »

C'est alors qu'ils imaginèrent de soumettre le clergé à
une nouvelle épreuve, qui amènerait ses membres à l'apostasie ou à la rébellion.

L'Assemblée fabriqua elle-même une Église officielle
qu'elle associa à l'État. Dès lors on se donnait le droit
d'assimiler ses chefs à de hauts fonctionnaires, de faire
intervenir officiellement les pouvoirs publics dans ses
moindres arrangements, de lui donner une subvention, et
de persécuter ceux qui refuseraient de la reconnaître,
c'est-à-dire d'apostasier.

Un projet de constitution ecclésiastique avait été élaboré
dans les loges des francs-maçons et le comité secret des
Jacobins. Le janséniste Camus et les avocats Lanjuinais,
Treilhard et Martineau furent désignés par l'Assemblée
pour étudier ce projet de loi ecclésiastique qui devint la
Constitution civile du clergé.

____

(1) *La Constitution civile du clergé*, par Ludovic Sciout, vol. 1.

Par ce code impie, on ne semblait demander qu'une simple adhésion à une forme gouvernementale, mais en réalité c'était une véritable abjuration de la foi, comme nous allons le voir.

La création des assignats avait suivi de près la confiscation des biens du clergé. Chacun des actes de la Révolution faisait mesurer ses progrès.

Tandis que l'on attentait aux droits de la propriété, on violait ceux de la conscience. Le 13 février 1790, les vœux monastiques avaient été abolis et cette mesure indiquait assez clairement le but et l'esprit de la Constitution civile du clergé, votée le 12 juillet et appliquée dès le 27 octobre suivant.

Par son article *premier*, cette constitution usurpait un pouvoir qui n'appartient qu'aux Papes, successeurs de saint Pierre. En effet, elle réduisait les 135 évêchés et archevêchés à 83 évêchés qui prenaient le nom des départements où ils étaient situés, supprimait toutes les paroisses et *s'arrogeait le droit d'en ériger de nouvelles.*

Par son article *deuxième*, les évêques et les curés étaient nommés par l'élection et parmi leurs électeurs pouvaient figurer des protestants, des libres-penseurs, aussi bien que des catholiques. De plus, défense leur était faite de demander l'institution *canonique* au Pape, auquel l'élu écrivait seulement en signe de communion.

Par là-même, il n'y avait plus de mission divine dans l'Eglise de France : sa mission venait entièrement du peuple, la foi était violée, le lien divin qui la rattachait à la tête de l'Eglise et à Jésus-Christ était rompu.

Il serait inutile d'entrer dans de plus grands détails sur cette constitution « *qui contenait,* dit Pie VI, *un amas* « *et le suc de plusieurs hérésies, et dont les auteurs,* « *ajoutait-il, n'avaient eu, sous le prétexte de réforme,* « *d'autre but que de renverser la religion catholique par* « *ses fondements.* »

Il paraissait difficile, après cela, de soutenir et d'admettre que le serment, prêté à cette constitution schismatique et hérétique, pût se concilier avec le serment par lequel tout prêtre catholique s'est irrévocablement lié à l'Eglise. Et cependant l'on osa le prétendre pour entraîner ceux qui, dans les temps troublés, veulent couvrir d'une apparence de raison leur désertion et leur lâcheté.

Pie VI, qui avait attendu longtemps avant de frapper, espérant que la douceur pourrait ramener les esprits égarés, condamna solennellement la Constitution civile des législateurs francs-maçons par son Bref du 13 avril 1791.

Nous sommes arrivés à l'une des époques les plus critiques que l'Eglise de France ait eu à traverser.

Le clergé tant régulier que séculier qui se ressentait des erreurs du jansénisme, du gallicanisme et de la philosophie du XVIIIe siècle, et qui comptait dans son sein de nombreux adhérents aux idées nouvelles, allait-il se laisser engager dans le schisme que venait de proclamer l'Assemblée constituante ? Trouverait-il la force de rompre avec cette révolution d'abord si séduisante et qui, tout à coup, démasque ses batteries et se montre ce qu'elle était au fond, ennemie irréconciliable de toute religion positive ? Ou bien était-il au moment de se séparer du Vicaire de Jésus-Christ ? Si ce dernier parti eût prévalu, la foi était perdue en France et la nation, fille aînée de l'Eglise, n'eût pas tardé à s'égarer, comme l'Angleterre, dans les voies stériles de l'hérésie et du schisme. Dieu ne permit pas ce malheur et cette honte : il mit au cœur des évêques français d'alors un attachement et une fidélité à la foi catholique qui la sauvèrent du naufrage dont elle était menacée.

Si la lâcheté des évêques anglais sous Henri VIII entraîna dans l'hérésie ce royaume autrefois si catholique, il n'en fut pas ainsi de la France, grâce à Dieu.

Tant il sera toujours vrai de dire que quand l'exemple part de haut, il a toujours une force d'entraînement irrésistible.

Le haut clergé français voyant le danger, n'avait pas attendu le blâme solennel du Pape pour faire connaître ses véritables sentiments aux prêtres et aux fidèles. Les évêques députés à l'Assemblée nationale avaient publié *une exposition des principes* qui résumait avec une irréfutable logique, une grande modération et une indiscutable autorité la doctrine de l'Eglise.

Tous les prélats français la signèrent à l'exception de quatre. L'intrépide abbé Maury, dont l'éloquence réduisait au silence et couvrait de confusion tous les partisans du schisme et de l'hérésie, terminait son discours de fin de novembre, par cette énergique apostrophe : « Nous péri- « rons s'il le faut, pour nos devoirs ; et en périssant, nous « montrerons à l'univers entier que si nous n'avons pu « obtenir votre bienveillance, nous avons du moins mérité « votre estime (1). »

D'un bout à l'autre de la France, les évêques par leurs instructions pastorales éclairèrent les peuples que l'on s'efforçait de séduire et de tromper.

Aussi, au jour fixé pour la prestation de serment à la *Constitution schismatique et hérétique* du clergé, tous les évêques députés moins deux, et tous les prêtres, moins trente-six sur trois cents environ, le refusèrent malgré les vociférations et les menaces de mort que poussaient autour d'eux des scélérats que l'on avait soudoyés pour les intimider.

Ils firent entendre de si nobles et si dignes protestations qu'ils arrachèrent ce cri d'admiration au célèbre Mirabeau : « *Nous leur avons pris leur argent, mais ils ont gardé leur* « *honneur.* »

Sur 135 archevêques et évêques, quatre seulement prêtèrent serment à la Constitution civile du clergé, au grand étonnement des législateurs francs-maçons, qui avaient

______

(1) *Moniteur* du 29 novembre 1790.

décidé d'abaisser le clergé et de détruire l'Eglise envers et contre tout.

A la suite des courageux prélats catholiques, cinquante mille prêtres se levèrent, prêts à tous les sacrifices, pour défendre notre sainte religion.

Les mandements des évêques que provoqua la lutte entreprise, à cette époque, sont pour la plupart remarquables par les sentiments les plus énergiques et les plus fiers.

L'épiscopat de l'ancien régime s'y montre avec une incomparable grandeur. Les prélats aux habitudes de cour et aux allures mondaines sont devenus d'intrépides défenseurs de la foi, prêts à souffrir l'exil ou à subir le martyre. Cet épiscopat avait eu les défauts de l'aristocratie ; il en possédait aussi les qualités : la vaillance, l'élévation de cœur et d'esprit. Il était fidèle à Dieu comme au roi, joignant à la foi religieuse, cette seconde religion qu'on appelait l'honneur.

On avait vu des gentilshommes-évêques sous l'ancien régime. On vit pendant la Révolution des évêques-gentilshommes. A d'autres époques, l'épiscopat français a montré de grands et nobles caractères. Mais jamais il n'offrit avec une telle unanimité l'image de cette fière indépendance qui ne se courbe jamais devant la tyrannie.

Dès ce jour, la Révolution était vaincue dans le défi qu'elle avait osé jeter à l'Eglise catholique ; ce n'était plus qu'une question de temps.

La persécution allait s'ouvrir, mais la foi était sauvée.

Dans notre diocèse, la lâche conduite de ce qu'on appelait le bas clergé acheva de tracer la ligne que tous les prêtres, dignes de ce nom, devaient suivre.

En effet, à partir de ce moment, le clergé de notre diocèse se scinda en deux parts : d'un côté, les prêtres révoltés, infidèles à leurs serments les plus sacrés, parjures dans toute l'acception du mot, sans science théologique, et, pour la plupart, dévorés par l'ambition la plus effrénée, sans vocation, faisant trop souvent de leur lecture favorite les œuvres des écrivains les plus connus par leur incrédulité, en grand nombre timides et lâches, imbus des erreurs du jansénisme et du gallicanisme, qui, malgré les avertissements de leurs supérieurs ecclésiastiques, consentirent à prêter serment à la Constitution civile du clergé, ce qui les fit désigner dans nos villes et nos campagnes sous le nom de *jureurs* ou *juroux ;* de l'autre, les prêtres fidèles bien résolus de sacrifier leur repos, leur bien-être, leur vie même, plutôt que de donner la main aux usurpations sacrilèges de l'autorité civile.

A ceux-ci vinrent bientôt se joindre un assez grand nombre d'autres qui, sans trop savoir ce qu'ils faisaient, avaient tout d'abord consenti à prêter le serment, mais qui, lorsqu'ils furent mieux informés, s'empressèrent de se rétracter et de reconnaître leur faute.

L'Assemblée, après avoir constaté avec stupeur le nombre considérable d'évêques et de curés qui avaient refusé le serment à la Constitution civile du clergé, s'occupa de presser l'exécution de ses décrets en ordonnant qu'il fût procédé à l'élection de nouveaux évêques et de nouveaux curés.

Partout, les élections se ressentirent de l'esprit qui régnait alors et de la composition des assemblées ; il n'y eut à obtenir les suffrages que des prêtres sans caractère et dont l'opinion avait fait justice depuis longtemps, des moines scandaleux, habitués à violer leurs règles, des hommes, en un mot, qui n'avaient d'autre mérite que d'avoir embrassé la Révolution avec démence et d'être des prédicateurs forcenés des idées nouvelles.

Nulle part, on ne vit parmi eux de ces prêtres réunissant la droiture à la science et dont la conduite sacerdotale ne fût pas suspecte de vues mondaines.

C'est alors que l'ordre fut donné de publier la fameuse Constitution civile du clergé jusque dans la plus humble paroisse de France. On ne se contenta pas de sa publication dans la forme ordinaire, comme pour les autres décrets, mais afin de vexer davantage les prêtres fidèles, on leur imposa l'obligation de la lire eux-mêmes, dans les chaires chrétiennes, et de l'afficher à la porte des sanctuaires.

Les membres du district ayant donné l'ordre à M. le Maire de Lamballe, M. Micault de Mainville, d'obliger les recteurs de Saint-Jean et de Saint-Martin de la publier au prône de la grand'messe du 31 octobre ou du 1er novembre, il répondit à cette injonction par sa démission de Maire, le 6 novembre, avec une noble et courageuse protestation qui lui fait le plus grand honneur.

M. le chanoine Jean-Baptiste Sorgniard signa cette belle protestation et se démit, le même jour, de ses fonctions d'officier municipal qu'il avait acceptées, comme tant d'autres, dans le but de diriger le mouvement des esprits : son illusion avait été de courte durée.

Malgré l'opposition du maire démissionnaire, l'ordre de publier la Constitution civile du clergé fut donné à M. Milet, curé de Saint-Jean et à M. Brault, curé de Saint-Martin, qui n'en tinrent aucun compte.

MM. les Recteurs répondirent tout d'abord que cette lecture allongeait trop l'office, et qu'ils avaient appris qu'un décret devant désormais les dispenser de pareilles publications allait paraître incessamment.

En présence de ce refus si catégorique, le 8 novembre, le procureur-syndic de la commune formula contre eux un long réquisitoire qui se terminait ainsi :

« Considérant qu'il y a mauvaise volonté dans la con-
« duite que les Recteurs de Lamballe et de Saint-Martin
« tiennent en refusant de publier le décret du 24 août,
« sur la Constitution civile du clergé, déclare qu'ils seront
« dénoncés au Directoire du district pour être statué ulté-
« rieurement ce qui sera vu appartenir. Montrons-nous,

« ajoutait-il, partisans d'une Constitution qui nous rend
« hommes, en nous rétablissant dans nos droits. »

A cette époque, comme aujourd'hui, on aimait beaucoup à parler de ses droits et à oublier ses devoirs. M. l'abbé Milet, né à Saint-Alban en 1736, était recteur de Bréhand-Moncontour lorsqu'il obtint, au concours en 1779, la cure de Saint-Jean de Lamballe.

M. l'abbé François-Alexis Brault était originaire de Louvigné-du-Désert, en Ille-et-Vilaine, et né le 19 octobre 1751. Selon toutes les apparences, sa famille jouissait d'une certaine fortune : les titres de propriétés lui ayant appartenu, qui existent encore, en font foi. Il fut ordonné sous-diacre à titre de patrimoine *(sub titulo patrimonii)* le 17 décembre 1774, et il reçut la prêtrise le 21 septembre 1776, des mains de Mgr de Girac, évêque de Rennes. Après avoir été, pendant quelque temps, vicaire à Betton, près Rennes, il fut nommé en 1789 curé de la paroisse de Saint-Martin de Lamballe.

La présentation des titulaires à cette cure appartenait à Mgr le duc de Penthièvre, seigneur de Lamballe.

Ces deux pasteurs modèles, non moins distingués par leur science que par leur zèle pour le salut des âmes et leur inébranlable attachement aux principes catholiques, joignaient à toutes ces qualités précieuses une rare énergie.

Ils étaient faits l'un et l'autre pour se comprendre ; aussi, ne tardèrent-ils pas à se lier de la plus étroite amitié.

Que pouvaient faire à de tels hommes les menaces d'un Procureur-Syndic de la commune de Lamballe ? Rien, absolument rien.

Les révolutionnaires lamballais avaient tenté de les intimider, car le propre des libéraux de tous les temps, c'est d'essayer de faire du prêtre un vil esclave qu'ils puissent commander à leur gré ; mais ils comprirent bien vite qu'ils avaient perdu leur temps.

MM. Milet et Brault essayèrent de faire comprendre aux maîtres du jour qu'ils n'étaient nullement tenus de faire la publication qu'on leur demandait ; puis, voyant qu'il était impossible de persuader leurs juges, ils déclarèrent nettement que les lois de l'Église catholique le leur défendaient de la manière la plus formelle.

Forts du témoignage de leur conscience, ils persistèrent dans leur refus, avec une entente et une fermeté qui ne se démentirent pas un seul instant.

Les exécuteurs des hautes œuvres des francs-maçons de l'Assemblée, à Lamballe, prirent le parti de temporiser et d'attendre un nouveau décret qui leur servirait à arriver plus promptement à leur but.

Il ne se fit pas attendre en effet. Sur la présentation de Noidel, le terrible président du *Comité des recherches*, un décret prononça le 27 novembre : « *Que tous les évêques « et curés qui n'auraient pas fait, sous huit jours, le ser- « ment de fidélité à la Constitution civile du clergé, seraient « censés avoir renoncé à leurs fonctions, et que tout titu- « laire supprimé, continuant les fonctions attachées à son « titre, serait puni comme perturbateur du repos public* (1). »

La Révolution montait comme les flots de la mer. A partir de l'application de cette loi du 27 novembre 1790, la persécution fut solennellement décrétée et s'étendit à toute la France. Jusqu'au Concordat, ce fatal serment créera en France une classe de parias dont un grand nombre subira la mort, et les autres seront plus ou moins traqués, internés, déportés, suivant que la frénésie révolutionnaire exercera plus ou moins d'empire sur la nation.

Le jour de la prestation de serment fut fixé au 4 janvier 1791, pour Paris, mais un sursis fut accordé pour la province. Partout, néanmoins, avant la fin du mois de

(1) *Moniteur* du 28 décembre 1790.

février de la même année, tout le clergé fidèle devait être mis en demeure de se parjurer ou d'être persécuté.

Les sectaires lamballais apprirent cette nouvelle avec une joie facile à comprendre : ils revinrent donc à la charge près de MM. Milet et Brault, car leur conduite était d'un mauvais exemple et semblait condamner aux yeux de tous « cette belle révolution qui s'opérait ».

Ordre fut donc intimé de publier les décrets et la constitution au prône de la grand'messe ; et, pour s'assurer de l'exécution de la sentence, des délégués municipaux furent envoyés à la grand'messe du dimanche 6 février à Saint-Jean et à Saint-Martin.

La présence de ces mouchards qui étalaient avec complaisance leur belle écharpe tricolore ne fit aucune impression sur les courageux pasteurs qui, ce jour-là, comme toujours, parlèrent avec la fière indépendance de vrais apôtres du Christ.

S'étant concertés à l'avance, ils firent leur prône sur la Constitution civile du clergé, en démontrèrent le schisme et l'hérésie, tout en traçant à leurs ouailles les devoirs que le malheur des temps leur imposait non seulement à l'égard de cet acte impie, mais encore vis-à-vis des intrus qui s'en feraient les fauteurs et les propagateurs.

Les commissaires se retirèrent furieux, mais la tête basse et humiliée d'avoir ainsi manqué leur coup.

Le jour même, le citoyen-maire Loncle leur envoya une lettre pour leur demander compte de leur conduite.

Le rapport du Procureur de la commune, le citoyen Paulmier, à ce sujet, fait trop honneur aux recteurs de Saint-Jean et de Saint-Martin, pour que nous n'en donnions pas quelques extraits.

« Constatant que la lettre écrite à MM. Milet et Brault « ayant été remise, à chacun d'eux, par la femme du « héraut de ville, elle a rapporté à la municipalité que « ces Messieurs, après l'avoir lue, déclarèrent qu'ils ne se

« cachaient pas d'avoir tenu les propos qu'on leur imputait,
« qu'ils les avaient tenus en chaire et qu'ils étaient prêts à
« les répéter, que la municipalité pouvait le prendre comme
« elle le voudrait, qu'ils s'en moquaient et qu'ils ne feraient
« point de réponse, ils ont même ajouté à la porteuse de
« reprendre la lettre ou qu'ils la jetteraient dehors.

« Nous, Sébastien-Pierre Paulmier, Procureur de la
« commune de Lamballe, considérant qu'il est du devoir
« de la municipalité de veiller à la tranquillité publique,
« de dénoncer ceux qui chercheraient à y porter atteinte,
« non seulement par leurs actions, mais encore par des
« discours séditieux, par des calomnies contre l'Assem-
« blée nationale et ses décrets acceptés par le roi : con-
« sidérant le refus des sieurs Milet, recteur de Saint-Jean,
« et Brault, recteur de Saint-Martin, de répondre à la
« lettre de la municipalité comme un aveu formel des
« propos incendiaires que le public les accuse d'avoir
« tenus, notamment au prône qu'ils firent hier, 6 février,
« à leurs paroissiens ; considérant que par l'article 18 de
« son décret du 27 novembre 1790, l'assemblée nationale
« a ordonné de poursuivre, comme perturbateurs du repos
« public, ceux qui tenteraient d'exciter des oppositions à
« l'exécution de ses décrets ; considérant que les discours
« séditieux, calomnieux et incendiaires, que l'on attribue
« aux sieurs Milet et Brault, peuvent mettre le trouble
« dans la ville, alarmer les consciences et faire couler le
« sang des citoyens :

« Nous recquérons pour la commune que les sieurs
« Milet et Brault soient dénoncés à l'administration du
« district de Lamballe et à l'accusateur public près le
« tribunal du même district, pour être poursuivis confor-
« mément aux lois de l'Etat.

« A la maison commune, le 7 février 1791, à 5 heures
« du soir.

« Paulmier. »

Dès le lendemain, MM. Milet et Brault furent appelés à comparaître devant la municipalité pour s'expliquer. Les courageux recteurs renouvelèrent leurs précédentes déclarations avec une si grande dignité et une telle indépendance qu'ils déconcertèrent leurs juges.

Le maire Loncle, Lainé, Mouésan et Méheust donnèrent l'ordre de les dénoncer et de les poursuivre, par délibération du 8 février 1791 à 11 heures du matin.

Voici la copie textuelle de l'audience extraordinaire où nos intrépides confesseurs de la foi furent condamnés.

« Audience extraordinaire tenue par MM. Delaporte,
« Hardy, Le Dissez de Pénanrun et Henry, juges du tri-
« bunal, M. Houdu, commissaire du roi, demandeur et
« accusateur de son office s'expédiant contre :
« Pierre Milet, recteur de Saint-Jean et François-Alexis
« Brault, recteur de Saint-Martin, défendeurs et accusés,
« assistés de Méheust, homme de loi, leur conseil, l'un
« des juges ayant fait son rapport, l'accusateur public a
« prononcé ses conclusions et les a déposées sur le bureau,
« le dit Méheust, pour les dits Milet et Brault a dit qu'il
« persistait dans les conclusions de sa dernière requête ;
« Houdu, homme de loi, commissaire du Roy, a prononcé
« ses conclusions qu'il a également déposées sur le bureau.
« Le tribunal a ordonné qu'il en serait délibéré à la
« chambre du Conseil ; et, rentré, il a dit : Vu que les dits
« Milet et Brault ont reconnu dans leurs interrogatoires
« qu'ils ont déclaré à leurs paroissiens, à l'occasion d'un
« de leurs prônes, à propos de l'invitation à eux faite par
« la municipalité de prêter serment et en parlant de la
« nouvelle constitution, que nous devons nous soumettre à la
« loi, seulement quand elle est juste, c'est-à-dire, lors-
« qu'elle repose sur les principes éternels de la justice et
« de la liberté et qu'elle émane d'une puissance légitime ;
« que les savants du royaume disaient que la nouvelle

« Constitution civile du clergé était entachée de schisme et
« d'hérésie; qu'elle dépouillait le Pape et les Evêques de
« leur autorité et juridiction qu'ils avaient de droit divin
« et qu'aucune puissance temporelle ne pouvait leur ôter ;
« qu'elle supprimait les vœux solennels, qu'elle enlevait à
« l'Eglise ses propriétés les plus sacrées, qu'eux et les
« autres recteurs condamnaient et désapprouvaient haute-
« ment de pareilles impiétés, qu'on les menaçait de nommer
« d'autres pasteurs à leurs places, mais que ceux qui les
« remplaceraient seraient des intrus, des hommes sans
« pouvoirs légitimes et sans juridiction, des irréguliers,
« dont il faudrait s'éloigner comme de la peste ; que les
« fidèles ne pourraient recevoir d'eux les secours néces-
« saires au salut qu'à la dernière extrémité, en ayant soin
« de leur déclarer auparavant qu'ils désapprouvaient leur
« conduite et qu'enfin ils ne prêteraient pas le serment
« demandé jusqu'à ce que leurs supérieurs légitimes
« n'eussent parlé.

« Le tribunal considérant que la manifestation de pareils
« sentiments, faite *(sic)* en chaire par des recteurs est une
« rébellion à la loi de nature à produire les suites les plus
« fâcheuses et qu'il serait dangereux de laisser les dits
« Milet et Brault dans le cas de récidiver, faisant droit
« aux conclusions de l'accusateur public, ledit Houdu,
« faisant fonction de commissaire du Roy dans cette affaire,
« sans qu'il soit nécessaire de s'arrêter au surplus des
« charges, ni par conséquent de passer au règlement à
« l'extraordinaire; jugeant définitivement les interrogatoires
« des dits Milet et Brault, les déclare *incapables d'aucune*
« *fonction publique, et, comme tels, déchus de celles qui*
« *leur avaient été attribuées en qualité de recteurs ou curés*
« *de Saint-Jean et de Saint-Martin de Lamballe et les a*
« *condamnés aux dépens liquidés à soixante-sept livres,*
« *six sols, sept deniers,* sur le mémoire fourny par l'accu-
« sateur public, y compris les avances déjà prises sur les

« fonds nationaux, retrait et signification en outre ordonnés,
« de plus qu'à la diligence dudit Houdu, faisant les fonc-
« tions de commissaire du Roy dans cette affaire, il soit
« imprimé et affiché aux frais des dits Milet et Brault, où
« besoin sera, *cinquante exemplaires du présent jugement,*
« *sans néanmoins que le tribunal ait entendu préjuger*
« *que lesdits Milet et Brault soient privés du traitement*
« *que la nation accorderait aux curés qui n'auraient pas*
« *prêté serment.*

« Le Dissez de Penarun, Hardy, Henry,
Delaporte.

« Ce 26 février 1791. »

Les novateurs, pour briser toute résistance à leurs projets impies, excitèrent contre les prêtres fidèles les immorales et brutales associations révolutionnaires qu'ils avaient partout formées sous le titre *d'amis de la Constitution.* Lamballe en fut dotée, comme toutes les autres villes de France ; les juges qui condamnèrent MM. Milet et Brault en faisaient tous partie. La nécessité d'employer les vexations et les procédés les plus tyranniques était loin de les effrayer.

Voilà pourquoi les membres du District de Lamballe, parmi lesquels nous avons la douleur de voir figurer l'abbé Michel Gallet-Duclos, s'empressèrent d'exécuter cet ordre, « *en déclarant les deux recteurs de Lamballe inca-*
« *pables de remplir aucune fonction de citoyen actif, tout*
« *en s'apitoyant sur le malheur qu'ils avaient de perdre*
« *cette faculté précieuse.* »

MM. Milet et Brault n'avaient pas attendu que l'orage révolutionnaire eût éclaté pour éclairer leurs ouailles et les mettre à l'abri du danger qui menaçait leur foi.

Ils firent imprimer à leurs frais une petite brochure sous le titre de *Lettre à M. X., sur le serment à la Constitution civile du clergé,* où les principes de la Foi catholique étaient exposés avec un rare talent en même temps que les devoirs que la situation critique du pays imposait à chaque fidèle. Elle fut répandue à profusion par leurs soins dans les paroisses de Saint-Jean et de Saint-Martin.

Quand nos édiles l'apprirent, grande fut leur fureur, comme l'indique la délibération qu'ils prirent à cet égard le 5 février 1791 et que voici dans toute sa teneur.

« Samedi, cinq février, mil-sept-cent quatre-vingt-onze.

« Assemblée du Conseil général de la commune de
« Lamballe, convoquée en la manière accoutumée ; M. le
« Procureur de la Commune a dénoncé un libelle intitulé :
« *Lettre à M. X., sur le serment,* etc. Le conseil, après
« avoir entendu M. le Procureur sur ce sujet, a défendu
« et défend, sous peine d'être poursuivis suivant toute la
« rigueur des lois, à tous marchands, colporteurs et autres,
« de vendre et distribuer le dit ouvrage dans l'étendue de
« ce ressort. De plus, arrêté qu'il sera fait une proclama-
« tion dans cette ville, et des copies seront envoyées dans
« les campagnes pour prévenir les citoyens de ce district
« contre une fausse Bulle du Pape dont les exemplaires se
« répandent avec une scandaleuse profusion. »

« Loncle, Maire, Riallan, Le Bot, Cadet, Levavasseur, Le
« Dasfeur, Méheust, Chanoine. »

Ici, nous éprouvons le besoin de rendre hommage au courage si sacerdotal avec lequel MM. Milet et Brault luttè-rent contre l'impiété triomphante pour conserver la foi catholique à leurs peuples.

Les condamnations qu'ils subirent les trouvèrent d'un calme imperturbable, parce que ces vaillants apôtres de Jésus-Christ étaient avant tout attachés à leurs devoirs plutôt qu'à leurs places. Aussi, s'en allèrent-ils, *tranquilles et joyeux d'avoir été trouvés dignes de souffrir pour le nom de Jésus-Christ.*

Nous allons montrer combien nous grandissent la force d'âme et la constance inébranlable dont les deux pasteurs lamballais et les prêtres qui les imitèrent nous donnent de si beaux exemples.

MM. Milet et Brault furent avant tout des hommes de caractère dans toute l'acception du mot : or, le caractère, voilà le trait distinctif de l'homme ici-bas, parce que l'homme dans ce bas monde est constitué dans l'épreuve et que l'épreuve est le criterium souverain du caractère. Le caractère est donc de faire face à la bonne comme à la mauvaise fortune ; le caractère est le ressort qui, selon sa force naturelle ou acquise, lance notre âme vers les hauteurs ou la laisse retomber et ramper tristement à terre ; le caractère est la trempe même de l'âme, trempe solide comme l'acier, ou molle comme le plomb, qui la rend propre ou impropre à soutenir les combats de la justice et de la vérité ; que dirai-je ? le caractère exprime la virilité, ou bien, si je puis m'exprimer ainsi, la *féminilité* de notre nature : « *Esto vir,* » sois homme, dit la Sainte Écriture, et elle sait que rien n'est à la fois plus difficile et plus grand, plus rare et plus magnifique. Or, le caractère se compose de deux éléments essentiels : la dignité et la fermeté que MM. Milet et Brault possédèrent à un degré éminent.

Leur attitude devant leurs persécuteurs nous l'a déjà amplement démontré.

La dignité est une chose noble et rare : ce n'est pas la fierté, ce n'est pas la vanité, ce n'est pas le dédain ; la dignité est un juste sentiment de soi-même, une haute conscience de ce que l'on est, ou par nature, ou par grâce : « Homme ! nom sublime, dit Tertullien ; chrétien ! nom « divin ! » « Ah ! s'écriait un poète, ne laissez pas tomber

« à terre cette parcelle du souffle divin qui est en vous,
« que vous êtes ! » Un autre célébrait cette même vertu
en vers enthousiastes !

Mais, qu'eussent-ils dit de l'homme régénéré, de l'homme
racheté par le sang d'un Dieu, de l'homme chrétien, du
prêtre, ministre de Jésus-Christ ?

Ah ! sa grandeur et sa beauté les eussent éblouis, et
leur muse n'eût pas eu d'assez sublimes accents pour la
célébrer ! Eh bien, cette grandeur et cette beauté natu-
relles, transfigurées par le christianisme et le sacerdoce,
voilà les sources de ce sentiment, de cette conscience de
soi-même que nous appelons dignité, dont les recteurs de
Saint-Jean et de Saint-Martin nous ont donné un splendide
exemple.

Leur fermeté fut égale à leur dignité. Pas l'ombre d'une
faiblesse, de la plus petite hésitation chez eux. Dès la
première heure de l'orage déchaîné contre eux, leur déter-
mination fut irrévocablement arrêtée ; ni les menaces, ni
les flatteries ne purent les en faire dévier un instant. La
fermeté est une rare et belle vertu. Ce n'est point la
dureté ni la violence ; c'est la force dans le droit et le
calme dans la force. Les anciens nous l'ont peinte sous les
traits de ce juste qui résiste aux menaces d'un tyran, aux
fureurs populaires et reçoit, sans sourciller, sans fléchir, les
éclats d'un monde brisé. Mais ce juste n'est qu'une fiction
ou n'est qu'une exception. C'est le stoïcisme théorique et
non pratique. La fermeté n'a point pour type un Épictète,
un Zénon, un Brutus, un Caton ou un Sénèque ; mais elle
a pour expression achevée, incomparable, sublime, divine,
Jésus-Christ qui sait souffrir et se taire ; qui, dans le Lion
de Juda, nous offre l'Agneau de Dieu et qui, succombant
sous les coups de ses ennemis, prie pour eux ; et après
Jésus-Christ, elle éclate, dans ces premiers chrétiens, dans
ces apôtres qui répondent tranquillement : « *Il nous faut*
« *obéir à Dieu plutôt qu'aux hommes,* » dans ces martyrs

qui, sans s'émouvoir, sans s'irriter, doux autant qu'intrépides, s'écrient : « *Nous ne pouvons pas ! non possumus !* » et qui, avec ce simple mot, sauvegardent la conscience humaine, vengent le droit des atteintes de la force brutale !

A la suite des deux pasteurs, modèles de fidélité à l'Eglise catholique, MM. Mettris de la Salette, François-Henri Le Moine, Sorgniard, chanoines de Notre-Dame ; Jean Hervé, vicaire de Saint-Martin ; Duchemin, aumônier du Grand Hôpital ; Jean-Baptiste Briosne, aumônier de l'Hôtel-Dieu ; René-Gilles Abgral, chapelain des Ursulines ; Henri Briosne, directeur de la Congrégation des hommes qui se réunissait dans la chapelle Sainte-Anne, tous de ces caractères qui ne connurent point de défaillance, préférèrent l'exil avec toutes ses souffrances à la honte du serment à la Constitution civile du clergé.

Les Clérivet, curé constitutionnel de Saint-Jean, les Dépagne, curé constitutionnel de Coëtmieux, et leurs acolytes, Louis Bichemin, chapelain de Saint-Barthélemy ; Michel-Gallet-Duclos, Jérôme Noël, chapelain de Saint-Fiacre, en Maroué ; Corbel, n'étaient pas les représentants de l'Eglise dont ils s'étaient séparés par leur serment schismatique et hérétique, mais les simples esclaves de leur profond et misérable orgueil et les plats valets des persécuteurs de l'Eglise.

Le 6 février 1791, à onze heures du matin, le Conseil général de la commune de Lamballe, réuni en vertu d'une décision prise la veille, se rendit précédé de son hérant et escorté de la Garde nationale à l'église Notre-Dame où des sièges avaient été préparés.

Il était triste et comique en même temps, m'a raconté un vieillard, témoin oculaire du fait, de voir M. Micault de Soullevile, doyen des chanoines de Notre-Dame, s'avancer, avec une énorme cocarde de rubans tricolores à son tricorne, entre deux tambours, couverts eux aussi de rubans aux mêmes couleurs, avec tous les autres prêtres renégats.

La cérémonie commença par le discours que prononça, avant la messe, M. le chanoine Micault, aumônier de la Garde nationale.

Voici ce discours tel qu'il a été inscrit au procès-verbal de la cérémonie, conservé aux Archives municipales :

« MESSIEURS,

« Tout préambule me paraît ici assez inutile et serait
« peut-être taxé de prétention, d'affectation et d'ostentation :
« la démarche, l'action si grave dont vous allez être les
« témoins légaux et si respectables parlera d'elle-même
« et manifestera, mieux que les discours les plus éloquents,
« combien je suis persuadé qu'un prêtre doit singulière-
« ment l'exemple du patriotisme, de la prompte soumission
« aux lois de l'État, de l'empressement à contribuer par
« tous les moyens au repos et à la tranquillité publique.
« Oui, la circonstance de ce lieu sacré où nous sommes
« réunis, de la présence sacramentelle du Dieu de vérité
« et de sainteté, du moment redoutable où, revêtu des
« ornements sacerdotaux, je vais monter à l'autel pour y
« offrir la victime sans tache ; cette circonstance, dis-je,
« atteste le plus hautement que c'est après l'examen le
« plus sérieux, le plus mûr, que c'est dans la conviction
« la plus intime de ma conscience, en un mot, que c'est
« par *religion même ! ! !* que, comme l'ont déjà fait plu-
« sieurs évêques (1), curés et vicaires et des plus sages,
« je vais prêter le serment prescrit par le décret de l'As-
« semblée nationale du 27 novembre dernier. »

En ce moment, levant la main vers l'autel, il prononça le serment suivant :

(1) Sur 135 évêques, il n'y en avait eu que quatre à prêter serment.

« Je jure de remplir mes fonctions avec exactitude,
« d'être fidèle à la nation, à la loi, au roi, de maintenir
« de tout mon pouvoir la constitution du royaume décrétée
« par l'Assemblée nationale et acceptée par le roi. Main-
« tenant, Messieurs, j'ose dire avec le saint roi David,
« prenant à témoin de la droiture et de la pureté de mes
« intentions le Dieu scrutateur des cœurs et qui sonde les
« reins : *feci Judicium et Justitiam, non tradas me*
« *calumniantibus me ! ! !* »

M. Micault descendit de la chaire au milieu des applaudissements des révolutionnaires présents, mais non de la
portion saine de l'auditoire qui resta froide et indignée d'un
pareil langage, monta à l'autel et entonna le verset :
*Domine, salvam fac gentem, Domine, salvam fac legem,
Domine, salvum fac regem.*

Le discours que nous venons de citer suffit à lui seul
pour donner une idée du trouble et de la confusion qui
régnaient dans la tête de ce pauvre doyen dévoyé.

Selon lui, ce sont les évêques et les prêtres parjures,
infidèles à leurs engagements les plus sacrés qui, seuls,
ont le don de la plus haute sagesse !

Puis, il affirme que ceux-là seulement qui se soumettent
aux lois impies de l'Etat, en reniant leur foi, ont le monopole du patriotisme.

En cela, il se faisait l'écho des énergumènes jacobins de
cette époque. En effet, les jacobins répandus sur toute la
surface du royaume représentaient les prêtres insermentés,
qu'ils appelaient *réfractaires*, comme fomentant les troubles
religieux, empêchant le peuple de payer les impôts, encourageant l'aristocratie à accaparer les grains nécessaires à la
vie.

L'Assemblée accueillait avec transport ces accusations
perpétuelles, et les journaux distribués à la populace qui
savait un peu lire et ne doute jamais de ce qu'elle lit,

répandaient partout les accusations portées contre les prêtres fidèles, comme l'objet saillant de chaque séance.

Des commissaires furent envoyés dans les provinces pour constater quelques-uns de ces prétendus crimes : mais aucun fait ne vint confirmer les délations.

Les rapports des commissaires, accordant quelque chose à la philosophie du jour, traitaient les prêtres non assermentés de superstitieux, de fanatiques attachés à leurs idées, mais ils disaient aussi expressément qu'ils n'avaient pas trouvé un seul coupable parmi eux.

Malgré ces déclarations, l'on n'en continua pas moins de représenter, mais toujours sans pouvoir nommer aucun coupable, les prêtres non-jureurs comme des séditieux, des rebelles et comme les plus grands ennemis de la patrie.

L'un des jacobins les plus exaltés, François de Neufchâteau, alla jusqu'à dire dans sa haine de sectaire : « que les « prêtres réfractaires étaient tous essentiellement ennemis « de la patrie parce qu'ils croyaient à la confession, à la « sainteté du célibat religieux, à l'autorité spirituelle du « Saint-Siège et à celle de l'Église. »

En un mot, ce prêtrophobe attaquait le clergé catholique par ce qui devait être sa splendide justification.

Voilà les idées dont M. Micault se faisait l'écho, sans doute, d'une manière inconsciente.

Il ne savait pas davantage ce qu'il disait quand il ajoutait : « que c'était après l'examen le plus sérieux, le plus « mûr et par religion même qu'il prêtait le serment schis- « matique et hérétique. »

En effet, pour peu qu'il eût réfléchi, il eût vu de suite qu'en agissant ainsi, il niait l'autorité doctrinale, infaillible de l'Église catholique et tombait dans l'hérésie du libre examen, base du rationalisme protestant.

Il n'a cure de savoir ce que le Chef suprême de l'Église, le Vicaire de Jésus-Christ, son Evêque légitime, Mgr Regnault de Bellescize et leurs représentants attitrés pensent du serment qu'il prête avec une incroyable légèreté.

Il semble n'en avoir nullement besoin ; sa réflexion, sa manière de voir, à lui, Micault infaillible, lui suffit ! Quelle aberration ! ! !

Je ne m'étonne plus qu'un vénérable prêtre me rapportant le jugement que portaient sur lui ses contemporains, m'en faisait le portrait suivant : « Le chanoine Micault, « bien que doué d'une certaine faconde, manquait abso-« lument du plus vulgaire bon sens. C'était un cerveau « déséquilibré avec une imagination dévergondée. Imbu « des idées jansénistes poussées à l'extrême, il disait tout « haut que l'on allait revenir au temps de la primitive « Église. Bref, il était dépourvu de jugement et de toute « vraie science ecclésiastique (1). »

Il le prouva d'autant mieux, qu'il ne voyait pas, le pauvre insensé, que sous prétexte de revenir à un christianisme plus pur, plus évangélique, il devenait hérétique du même coup, puisqu'il répudiait par là-même le catholicisme.

Il y avait chez lui une grande faiblesse intellectuelle qui le rendait incapable de discerner la limite qui sépare l'erreur de la vérité, et de suivre un raisonnement dans toutes ses déductions et ses conséquences.

Il nous rappelle ce personnage de comédie qui, dans une veine de bon sens admirable, s'écrie :

> « Raisonner est l'emploi de toute ma maison,
> « Et le raisonnement en bannit la raison. »

Eh bien ! voilà le fait du chanoine Micault : il était raisonneur et point du tout raisonnable ; mais, en revanche,

(1) Paroles du chanoine Le Breton La Touche, mort recteur de Saint-Martin.

doué d'une forte dose d'orgueil, comme tous les hérésiarques.

Malgré les avertissements de ses charitables confrères et les appels réitérés qu'ils firent à sa conscience de prêtre, malgré les avanies qu'il reçut partout où il alla comme curé constitutionnel, il persista dans le schisme avec un entêtement vraiment incompréhensible.

Comme nous le verrons plus tard, les religieux Augustins donnèrent le même scandale. MM. Méheust, sacriste de Saint-Jean, Mahé Bernard et Grolleau-Kervot, s'ils ne prêtèrent pas serment, parce que la loi n'y obligeait alors que les prêtres titulaires de bénéfices, ne s'en adjoignirent pas moins aux assermentés en assistant à leurs offices et leur prêtant tout leur concours comme prêtres. En agissant ainsi, ils se faisaient leurs complices et leurs approbateurs.

Le 6 février 1791, jour de triste mémoire, les prêtres demeurés fidèles s'absentèrent de Lamballe pour n'être pas témoins de la chute lamentable de leurs lâches confrères. Nous avons dit plus haut que les prêtres-jureurs n'avaient aucune dignité, aucun respect d'eux-mêmes. Louis Bichemin, ancien chapelain de Saint-Barthélemy, et le célèbre Micault ne tardèrent pas à en donner une preuve éclatante. La honteuse servilité qui les animait les poussait jusqu'à déférer à la censure de la commune l'*Ordo* diocésain de 1791 ! Cet acte de sotte platitude n'a pas besoin de commentaires.

Ces nouveaux docteurs avaient besoin d'être tranquilles dans leur révolte contre l'Église. Vers la fin d'avril ils se montrèrent fort inquiets de la publication d'une fausse Bulle *(sic)* du Pape Pie VI dont, disaient-ils, « *les exemplaires se répandaient avec une scandaleuse profusion.* »

Cette Bulle, comme tout le monde le sait, était bien réellement authentique. Tant d'iniquités commises avaient mis le comble à la longanimité du Père commun de toutes les églises. Après un sérieux examen, le Souverain Pontife avait adressé deux bulles aux évêques de France : l'une en date du 10 mars, l'autre du 13 avril de cette même année 1791.

La première était spécialement destinée aux évêques députés à l'Assemblée. Le Pape y discutait plusieurs articles de la Constitution civile du clergé, et déclarait qu'elle était un chaos de schisme et d'hérésie.

La seconde était adressée aux évêques, au clergé et aux fidèles de France. Pie VI y cite avec éloge « l'exposition « des principes sur la Constitution du clergé ; déplore « vivement la défection des quatre évêques et surtout de « celui qui a livré ses mains pour la consécration des « constitutionnels. Il ordonne à tous les ecclésiastiques qui « ont prêté le serment de le rétracter dans quarante jours, « sous peine d'être suspens de l'exercice de tous ordres « et soumis à l'irrégularité, s'ils en font les fonctions.

« Il déclare les élections des nouveaux évêques illégiti- « mes, sacrilèges et contraires aux canons, aussi bien que « l'érection des nouveaux sièges.

« Il prononce enfin que les consécrations sont crimi- « nelles, illicites et sacrilèges, et que les consacrés sont « *privés de toute juridiction et suspens de toutes fonctions.* »

Les jacobins essayèrent de contester la valeur de ces deux Bulles pontificales, parce qu'elles n'étaient pas adressées aux évêques de France dans les formes ordinaires, mais il n'en resta pas moins évident que le Souverain Pontife avait parlé. Malgré les négations et les contestations de ces sectaires, la condamnation solennelle du Chef de l'Eglise et l'excommunication qui l'accompagnait n'en frappèrent pas moins tous les évêques et prêtres sacrilèges.

Mgr de Bellescize, évêque de Saint-Brieuc, qui habitait Paris depuis un certain temps et allait y être bientôt emprisonné et y mourir en 1796, avait été l'un des premiers à souscrire l'admirable *Exposition des principes,* rédigée par Mgr de Boisgelin, archevêque d'Aix, et dont Pie VI fit un si bel éloge dans sa Bulle du 13 avril 1791.

Nous ne pouvons nous dispenser de citer le portrait que fait de notre saint évêque le chanoine Le Sage, dans ses Mémoires : « Si les saints Canons, dit-il, le trouvèrent en « faute sur le devoir de la résidence, la religion n'eut « qu'à se glorifier de son courage dans la tempête dont « elle se voyait agitée. Sa conduite fut digne des premiers « défenseurs de la foi. Il la confessa jusque dans les « cachots où il contribua puissamment à la conversion du « Quintilien français, le célèbre littérateur Laharpe. Il « est donc inutile de dire que Mgr de Bellescize refusa le « serment. »

L'application de la Constitution civile, les prestations et les refus de serment, les élections des évêques et des curés schismatiques avaient jeté un trouble profond dans tous les diocèses et dans le nôtre en particulier. La guerre religieuse était commencée et allait se poursuivre avec fureur. Mgr de Bellescize, avant de mourir, eut la tristesse de voir le scandale d'une élection schismatique dans sa cathédrale. Ici, nous allons laisser la parole à M. le chanoine Le Sage qui fut témoin des faits :

« On s'occupa bientôt, nous dit-il dans ses Mémoires, « de nomination à la place de l'évêque insermenté de « Saint-Brieuc, d'un successeur constitutionnel, qui, selon « les lois nouvelles, devait être faite par l'assemblée des « électeurs du département composée de 600 membres « environ. Elle se tint dans la cathédrale, au commence- « ment de mai 1791, et l'on remarqua qu'il y manqua près « du tiers de ceux qui étaient appelés à voter... L'assem- « blée qui devait l'élire vit dans son sein un certain nombre « de prêtres assermentés ; et, à sa tête, l'un d'entre eux, « procureur général, syndic du département, le sieur « Arme, qui fit plus tard l'abjuration publique de son « état... Ce mécréant en soutane ne demandait pas mieux

« que de se voir évêque, mais il n'était pas éligible,
« n'ayant pas cinq ans de prêtrise. Il se crut du moins
« assez d'influence pour faire tomber le choix sur l'homme
« qu'il jugerait lui convenir. La classe des assermentés
« avait ses gros bonnets, qui tous aspiraient à la mitre
« constitutionnelle. Les plus marquants étaient : Hillion,
« recteur de Saint-Michel à Saint-Brieuc ; Corbel, recteur
« de Langueux, qui obtint plus de 60 voix ; Baschamp,
« religieux de Beauport et prieur, curé de Pordic ;
« Mauffray, prieur-conventuel de l'abbaye de Bégard.
« Mais ces flatteuses espérances furent déçues et le résultat
« du scrutin fut, à une grande majorité, en faveur de
« Jacob, recteur de Lannebert, petite paroisse près de
« Lanvollon. Muni de son procès-verbal d'élection, il se mit
« en route pour Paris, afin d'y recevoir la consécration
« épiscopale. C'était, ajoute-t-il, un vrai rustre, mais il avait
« du bon sens, de la probité et des mœurs sans repro-
« ches. »

Ce que ne dit pas le spirituel chanoine et qui se racontait alors, c'est qu'une étude de huit heures dans sa théologie lui avait suffi pour le convaincre qu'il pouvait accepter la crosse et la mitre. C'est avec une légèreté coupable qu'il accepta de jouer un des rôles les plus criminels.

Dès le 7 mai, la municipalité de notre ville se réunit en délibération et décida qu'elle irait en corps au-devant de lui pour le recevoir à son passage à Lamballe, qu'un détachement de la garde nationale se rendrait à Saint-Brieuc pour assister à son installation et que tous ses membres se feraient un devoir de partager cet honneur avec les municipalités voisines. Rennes avait donné l'exemple, on devait le suivre.

D'après M. Le Sage, « il revint de Paris et consomma
« son intrusion, le jour de la Pentecôte, le 12 juin 1791,
« par une pluie torrentielle qui n'empêcha point une
« manifestation patriotique, une honteuse procession ou

« plutôt mascarade où figura le nouveau prélat en soutane
« violette et ceinture tricolore pendant que deux person-
« nages, Syncelles d'un nouveau genre, lui donnaient le
« bras pour voiturer plus aisément la quantité de matière
« qui servait d'enveloppe à son intelligence. »

A peine arrivé, Jacob choisit ses vicaires, il appela près
de lui, en cette qualité, Louis Bichemin, ex-chapelain de
Saint-Barthélemy, et Michel Gallet-Duclos, pour lors officier
municipal. Leur zèle ardent pour les idées révolutionnaires
l'avait sans doute frappé lors de son passage à Lamballe.
Leurs flagorneries, à défaut de science et d'aptitude, les
avaient désignés à son choix.

Sur cent prêtres qui avaient fait défection dans notre
diocèse, 75 assermentés seulement avaient assisté à sa prise
de possession ; il s'empressa de les envoyer dans les paroisses
avec un faux semblant d'institution canonique.

Charles Micault de Soulteville fut nommé curé de
Meslin ; Jean Verne, dépouillé de son prieuré des Augustins, accepta Saint-Martin ; Jean-François Clérivet, né à
Erquy, prêtre assermenté de Cohiniac, vint à Saint-Jean de
Lamballe ; le 19 juin il fut installé dans l'église Notre-Dame
en présence des corps constitués et prêta serment pour la
seconde fois. Il y fut fidèle, et, en âme basse et servile, il
souscrivit dans la suite à toutes les demandes les plus
insensées et les plus odieuses que l'administration civile
lui adressa. Ce fut alors que le vicaire épiscopal Bichemin
pria la municipalité de choisir une église paroissiale ; le
dépouillement du scrutin, car tout se faisait d'après le
suffrage universel ou restreint, désigna l'église Notre-Dame ;
celle de Saint-Jean fut reconnue comme oratoire national.

Lors de la fête nationale du 14 juillet, Clérivet ne crai-
gnit pas de célébrer la messe sur l'autel de la patrie, toutefois après avoir consulté son évêque. Il eut beau faire du
prosélytisme, il n'obtint jamais le plus petit succès ; nous
devons le dire à l'honneur des paroissiens de Saint-Jean,

pendant tout le temps que dura le schisme constitutionnel, l'église demeura vide la plupart du temps.

On n'y vit, m'a raconté un vieillard, témoin oculaire, que quelques curieux, des salariés de l'État et des gens sans aveu, mais la masse de la population ne voulut jamais prendre la plus petite part aux cérémonies de l'intrus qui fut constamment l'objet du mépris public.

Clérivet pouvait lire, en pleine rue, sur la figure des catholiques lamballais, le mépris qu'il leur inspirait, car jamais personne ne le salua, et il les voyait avec dépit éviter sa messe, comme ils auraient évité celle d'un pope russe.

L'on supplia l'évêque de circonscrire les limites de la paroisse, d'établir une succursale à Saint-Martin et de donner l'autorisation au sieur Clérivet de choisir un vicaire pour la desservir : « C'était, écrivait-on, le moyen le plus « sûr de ramener l'ordre, l'union et la concorde que l'on « ne peut d'ici longtemps voir renaître sans cela (1). »

L'évêque Jacob agréa leur demande ; mais, comme bien on le pense, sa décision ne put aucunement faire renaître la paix et l'union tant désirées.

Si Mgr de Bellescize, l'évêque légitime de Saint-Brieuc, ne pouvait plus correspondre avec son clergé, il avait laissé pour le suppléer, au milieu de ses ouailles, une sentinelle vigilante, M. Manoir, vicaire général, l'homme très actif, d'une doctrine sûre, très versé dans la science ecclésiastique. Sa fidélité au devoir était à toute épreuve ; son courage, sa sagesse et sa prudence en faisaient un prêtre du plus grand mérite qui se dépensa pendant toute la tourmente révolutionnaire à encourager prêtres et fidèles dans leur attachement à la foi catholique.

Le zèle des constitutionnels en souffrait singulièrement, et le sieur Clérivet lui-même s'en plaignait amèrement.

(1) Archives municipales.

La municipalité révolutionnaire, en vue d'arrêter et d'emprisonner plus facilement les suspects lorsque le moment sera venu, décida de désarmer tous les citoyens « *d'un caractère faible* », c'est-à-dire, tous ceux qui étaient soupçonnés de ne pas voir favorablement le nouvel ordre de choses : les lettres furent interceptées et tout un système d'espionnage et de tracasseries fut organisé.

S'il faut en croire ce qu'ont raconté à ce sujet des vieillards contemporains de cette triste époque, certains édiles révolutionnaires de notre petite ville rivalisèrent de zèle pour le vil et honteux métier de mouchards. Le fait suivant, que nous avons entendu raconter par des personnes absolument dignes de foi, le prouverait amplement.

Un adjoint était tellement possédé de cet esprit de délation que, chaque jour, à l'arrivée de la malle-poste et des diligences, il s'empressait de se rendre à l'Hôtel de la Grand'Maison, rue Saint-Lazare, pour demander leurs passeports aux citoyens voyageurs.

Un jour d'hiver donc, cet enragé inquisiteur, ceint de son écharpe tricolore, arrive à l'hôtel du citoyen Revel et trouve un voyageur, les pieds sur les chenêts du foyer où brûlait un bon feu, et absorbé par l'examen de papiers qu'il compulsait avec la plus grande attention.

A son costume, à son air distingué, il se disait déjà : « Voilà « une bonne prise, car ce doit être un aristo. » Arrivé près de l'étranger, il lui dit d'un ton arrogant : « Citoyen, tes « papiers ? » « Mes papiers, reprit vivement le voyageur, « sache que je m'appelle Jean-Bon-Saint-André (1), repré- « sentant du peuple ! si tu ne files pas immédiatement, je « te vais mettre mon pied quelque part. » Le lâche mouchard ne se le fit pas dire deux fois ; il s'enfuit prestement et devint moins zélé dans la suite pour cette sale besogne. Nous pourrions en nommer un autre qui se fit telle-

____

(1) Le représentant du peuple se rendait à Brest.

ment honnir à cause des nombreuses victimes de ses dénonciations, qu'après la Révolution il était hué dans nos rues et poursuivi à coups de pierres, chaque fois qu'il se montrait.

Le 18 juin 1791, le Directoire lança un arrêté qui obligeait « tous les prêtres non assermentés sans distinction à « s'éloigner à 6 lieues de la paroisse où ils résidaient, si « un prêtre constitutionnel y arrivait. Ils étaient passibles « de six années d'emprisonnement pour administrer un « sacrement, et celui qui les cachait encourait six mois de « la même peine. La prison atteignait aussi quiconque « aurait fait connaître la Bulle du Saint-Père contre la « Constitution civile du clergé, ou qui aurait mal parlé de « cette constitution. »

Après cela, nous le demandons, que pouvait faire au peuple la bénédiction, sur l'autel de la patrie, du drapeau tricolore qui venait de remplacer le drapeau blanc? L'irritation publique et les désordres allaient croissant de tous côtés.

Dans le mois de septembre, on enferma au château de Dinan quarante prêtres fidèles qui y restèrent jusqu'à l'année suivante, époque à laquelle ils furent déportés; cent autres furent emprisonnés à Saint-Brieuc, dans la communauté des sœurs de la Croix, transformée en maison d'arrêt; et cela, quelques jours seulement après une amnistie publiée en faveur des prêtres non assermentés qui semble bien n'avoir été qu'un piège pour mieux s'emparer de ces derniers. Voilà comment on comprenait et comme l'on pratiquait la liberté et la loyauté.

La commune de Lamballe s'empressa avec joie de publier la nouvelle loi oppressive du 19 juin, et mit à l'appliquer un zèle digne d'une meilleure cause.

MM. Milet, Brault et tous les autres prêtres fidèles de notre ville ne se crurent pas obligés d'obtempérer à cette mesure draconienne. Malgré les plus grands dangers qu'ils couraient à chaque heure du jour et de la nuit, ils demeurèrent cachés çà et là, près de leurs ouailles, pour les encourager.

La loi que nous avons citée avait pour but de laisser le champ libre à la propagande des constitutionnels. Mais les auteurs de l'arrêté furent trompés dans leur attente ; ils ajoutèrent un nouveau ferment parmi les âmes chrétiennes qu'ils blessaient au vif, dans la plus chère des libertés, la liberté de conscience.

Aussi, il y eut dans notre catholique population une sainte émulation pour offrir un asile sûr à leurs pasteurs persécutés. C'était à qui leur eût donné la plus gracieuse hospitalité et les eût consolés au milieu de leurs épreuves. Ces vaillants prêtres comptaient pour rien leurs souffrances personnelles qu'ils étaient heureux d'offrir à Dieu pour le salut de la France, mais les crimes de leurs persécuteurs dont ils avaient guidé les premiers pas dans la vie leur arrachaient des larmes bien amères.

Leur tristesse redoublait quand ils les voyaient unir sacrilègement les prières de l'Eglise aux fêtes civiques, comme dans la fête pour la proclamation de la constitution au mois de novembre 1791, sur la place de la Croix-aux-Fèves, devant l'autel de la patrie et dans l'église Notre-Dame.

Le zèle à poursuivre les prêtres insermentés ne connaissait plus de bornes. L'abbé de la Goublaye de Nantois ayant été rencontré dans les rues de Lamballe, fut arrêté et, sur l'avis du conseil de la Commune, conduit par un gendarme à Saint-Brieuc.

Tout son crime était de n'avoir point de passe-port, ni de certificat d'identité. L'on était inexorable pour tout homme simplement soupçonné d'être peu sympathique à la Constitution civile du clergé.

Les congréganistes des divers quartiers de la ville ayant demandé la permission de se réunir pour leurs exercices de piété dans leurs chapelles respectives, voici ce qui fut voté à cet égard, à la requête des citoyens Jérôme R*** et Copin : « La présente demande est accordée aux condi- « tions suivantes : 1º un prêtre assermenté présidera les « réunions des dits congréganistes ; 2º la porte des chapelles « où se feront ces réunions sera laissée ouverte tout le « temps qu'elles dureront ; 3º les clefs des chapelles seront « ensuite reportées à la municipalité (1). »

Les congréganistes étaient trop bons catholiques pour accepter des conditions qui les eussent rendus complices du schisme, aussi s'empressèrent-ils de les refuser avec indignation. Mais ils ne renoncèrent pas pour cela à leurs pieuses réunions qu'ils firent quand même en secret dans des maisons particulières, pendant toute la Révolution.

En vertu d'un arrêté du Directoire départemental, daté du 18 juin 1791, l'on avait fermé et pattefiché les chapelles de Saint-Barthélemy, de Saint-Sauveur et de l'*Ave Maria* qui s'appelait aussi Notre-Dame des Anges. Ce ne fut pas assez : le salut de la patrie exigeait beaucoup plus.

Aussi, un nouvel appel parti de Saint-Brieuc fut fait au zèle de l'administration lamballaise et à son amour du bien public. On lui imposa l'ordre de fermer encore les chapelles de Saint-Eutrope de la Moguelais, de Saint-Yves de Tré- milia, de Saint-René de Launay, de la Guévière, de Notre-Dame de Maroué et autres des environs qui n'étaient, d'après l'arrêté, « *que des foyers permanents de fanatisme dans ce pays.* » Il est triste, mais il est vrai de dire que les prêtres assermentés ne furent pas étrangers à ces odieuses mesures et que, d'ordinaire, ils furent les plus ardents instigateurs de la persécution contre leurs frères orthodoxes.

Cette fermeture de la chapelle fut suivie d'une dénon- ciation contre M. Henri Briosne, qui fut accusé « d'avoir « excité les citoyens les uns contre les autres, surtout

(1) Archives municipales.

« contre les prêtres soumis à la loi *(sic)*, et d'avoir fomenté
« par ses dangereuses suggestions un soulèvement dans
« la rue du Bout du Val. »

Le citoyen Jacques Guillard lui reprochait d'avoir
empêché sa fille de se marier devant le prêtre constitutionnel en lui disant, ce qui était vrai, que son mariage
serait nul. Les femmes de la rue prirent parti pour
l'abbé Briosne ; et, comme elles ont dans ce quartier la
main aussi prompte que la langue vive, le pauvre Guillard
reçut à cette occasion maints horions qui le rendirent
plus prudent à l'avenir. Il savait ce qui l'attendait, au cas
où leur voisin et ami fût molesté.

Malgré ce secours inattendu, M. Briosne n'en fut pas
moins arrêté et conduit à Saint-Brieuc devant le Directoire
du département. L'affreux crime qu'on lui reprochait
n'était autre que ces paroles : « *L'Eglise ne consiste pas*
« *dans des murailles, elle se trouve là où est le vrai pas-*
« *teur ; si M. l'abbé Milet élevait un autel dans un champ,*
« *ce serait là que se trouverait la véritable Eglise : ceux*
« *qui suivent les prêtres-jureurs sur la terre, ne les sui-*
« *vront pas au ciel où ils n'entreront jamais, s'ils ne se*
« *rétractent pas* (1). »

Loin de nier ce propos, le généreux prêtre l'affirma avec
courage devant ses juges qui, à son grand étonnement, se
contentèrent de le blâmer et le renvoyèrent comme
saint Paul en lui disant : « Ne prêchez plus cette doctrine,
ou bien gare à vous. »

Le dimanche 29 avril 1792, une messe solennelle
fut célébrée à Saint-Jean, pour demander à Dieu le
succès de nos armes. Des musiciens, venus tout exprès
de Saint-Brieuc, y exécutèrent plusieurs morceaux et
l'office divin fut suivi de la prestation du serment : à
ce moment, l'église retentit des cris mille fois répétés,

(1) Archives municipales.

comme à Lyon, devenu la *Commune affranchie : vivre libres ou mourir*.

Pouvait-on entendre, sans frémir d'indignation, ces paroles dans un temps où, pour vivre libres, les plus honnêtes citoyens étaient forcés de prendre le chemin de l'exil ?

Pour briser des résistances qu'ils n'ont pas su prévoir, ces inventeurs d'un culte auquel ils ne croient pas usent d'abord des procédés astucieux et violents que les Ariens employaient autrefois contre les orthodoxes, et ils en viennent bientôt à des persécutions sanglantes dignes des Dioclétien et des Néron.

L'Assemblée que nulle impiété, nulle contradiction et nulle extravagance n'arrêtaient quand il était question de persécuter les prêtres insermentés, prononça un décret terrible par lequel commença la série des plus affreuses lois de la Terreur. Voici quelques-unes des dispositions qu'il contenait :

« 1º La déportation, c'est-à-dire l'exil, l'exportation
« forcée des prêtres insermentés, aura lieu, comme mesure
« de police.

« 2º Seront considérés comme prêtres insermentés, tous
« ceux qui, assujettis au serment prescrit par la loi du
« 26 décembre 1790, c'est-à-dire tous les évêques, curés,
« vicaires et prêtres enseignants, ne l'auraient pas prêté ;
« ceux aussi qui n'étant pas soumis à cette loi, n'ont
« pas prêté le serment civique, postérieurement au 3 sep-
« tembre ; ceux enfin qui auraient rétracté l'un ou l'autre
« serment.

« 3º Lorsque vingt citoyens actifs du même canton se
« réuniront pour demander la déportation d'un prêtre
« non assermenté, le directoire du département sera tenu
« de prononcer la déportation.

« 4º Dans le cas où les citoyens actifs formant la péti-

« tion ne sauraient pas écrire, elle sera reçue en présence
« du procureur-syndic par le secrétaire du district.

« 5° Le département ordonnera aux prêtres sujets à la
« déportation de se retirer, dans les 24 heures, hors des
« limites du district de leur résidence ; dans trois jours,
« hors des limites du département, et dans le mois, hors
« du royaume.

« 6° S'ils n'obéissent pas, les gendarmes seront requis
« pour les transporter de brigade en brigade.

« 7° Ceux qui resteraient ou rentreraient dans le
« royaume, après l'exportation prononcée, seront condam-
« nés à la détention de dix ans (1). »

La progression de l'Assemblée dans les voies de la persécution était manifeste : les peines comminatoires du
fameux serment du 27 décembre 1790 semblent tempérées
à côté de celles qu'évoquait le nouveau décret. Alors l'on
se bornait à chasser de leurs sièges et de leurs églises les
évêques et les autres pasteurs ; en ce moment, l'on aban-
donne au caprice de leurs ennemis le soin de les chasser
du royaume ; et cela, sans qu'ils aient besoin de fournir
l'ombre de preuves contre les accusés.

Il suffit qu'un prêtre, non assermenté, ait déplu à vingt
hommes haineux et ignares pour qu'il soit condamné à
l'exil. Ce décret enhardissait tous les misérables qui, pleins
de haine contre la justice et la vertu, se réjouissaient à la
pensée de pouvoir commettre une mauvaise action.

Louis XVI s'étant affermi dans la résolution de ne plus
rien sanctionner contre la religion, les agitateurs, des provinces, excités par les meneurs de la capitale, poursuivirent
plus que jamais les prêtres catholiques de leur fureur.

Toute leur ressource pour échapper à un danger immi-
nent, était de recourir à quelques honnêtes citoyens qui,

(1) *Moniteur* des 26 et 27 mai 1792.

pendant les ténèbres, favorisaient leur fuite, leur trouvaient quelque barque sur la mer et les conduisaient à travers mille périls sur quelque terre hospitalière.

Les braves pêcheurs de nos côtes, de Saint-Quay-Portrieux, du Légué, d'Erquy, etc., rivalisèrent de zèle et de dévouement pour sauver nos confesseurs de la foi, en les conduisant à Jersey, au péril de leur vie.

La difficulté de se cacher et d'échapper aux poursuites incessantes des sbires révolutionnaires augmentait chaque jour pour les prêtres fidèles et rendait leur séjour dans le pays de plus en plus impossible.

Aussi traqués que des bêtes fauves, accablés par les veilles, les privations et les fatigues que leur imposaient leurs continuels déplacements de jour et de nuit, sans parler des terribles émotions que leur faisaient éprouver à chaque instant les alertes, ils se virent forcés de prendre le chemin de l'exil.

Le 11 juin 1792, M. Milet quitta son troupeau qu'une aveugle et farouche persécution lui arrachait ; le soir, à 10 heures, il se confiait avec MM. Jean-Baptiste Sorgniard, chanoine, et Jean Hervé, vicaire, ses fidèles amis, aux dangers d'une mer moins agitée que la foule abusée.

Tous trois quittèrent le port de l'Erquy en jetant un regard voilé de larmes sur leur infortunée patrie, sans espoir fondé de la revoir. Une frêle barque de pêcheurs les reçut et les transporta loin de la ville chérie où ils laissaient tant de cœurs amis.

Quelques jours plus tard, MM. Mettris de la Salette, François-Louis Le Moine, chanoines de Notre-Dame ; Henri et Jean-Baptiste Briosne ; Alexis Brault, recteur de Saint-Martin, et Mathurin Duchemin, aumônier du Grand Hôpital, allèrent les rejoindre sur la terre étrangère, à Jersey, avec MM. Pincemin et Barbedienne, le 17 juin 1792.

M. l'abbé Brault avait quitté Lamballe dès le mois de novembre 1791 pour se réfugier en Ille-et-Vilaine, son pays d'origine, où il espérait échapper plus facilement aux recherches des révolutionnaires.

Après avoir bravé longtemps les bleus dans le pays de Fougères, exerçant partout où il le pouvait son ministère apostolique, il revint au pays de Lamballe, au mois d'avril 1792, et se rendit à Jersey comme nous venons de le voir.

De là, il partit pour Londres avec ses compagnons d'exil, et y vécut avec eux tout le temps de la Révolution. Son grand savoir et sa distinction lui valurent d'être accepté, comme précepteur, dans plusieurs familles appartenant à la meilleure aristocratie française que la Révolution avait jetées, elles aussi, sur la terre d'exil. Les ressources que l'abbé Brault put se procurer ainsi, il ne les employa pas seulement à sa propre subsistance, mais il se fit un bonheur de les partager avec plusieurs autres prêtres qui se plaisaient, après la période révolutionnaire, à redire sa générosité sans mesure.

M. Milet, son ami de cœur, qui l'avait éprouvée, aimait à rendre témoignage à sa charité fraternelle et lui en garda, jusqu'à sa mort, la plus vive reconnaissance.

C'est dans cet exil que M. l'abbé Brault fit la connaissance de M. le duc de Montmorency dont il resta depuis le fidèle ami, et dont il recueillit même le dernier soupir, sous la Restauration (1). La persécution s'accentuait de jour en jour. L'abbé de Nantois fut encore appelé à la barre du district; mais, pour éviter la déportation ou plutôt la mort, il s'enfuit en Angleterre. Sa noble et généreuse famille ayant semé ses bienfaits pendant plus d'un siècle dans le pays de Lamballe et de Maroué, nous devons un spécial souvenir à l'un de ses membres les plus illustres

---

(1) Notes que le savant auteur du Pouillé de l'Archidiocèse de Rennes, M. le chanoine Guillotin de Corson, a gracieusement mises à notre disposition.

qui, du reste, était chanoine de Saint-Brieuc. C'était un véritable abbé gentilhomme, plein d'esprit et d'amabilité, homme du monde, et, avec cela, tout à ses devoirs de prêtre. Au commencement de la Révolution, il avait été un des notables envoyés par le clergé, de concert avec la noblesse et le Tiers-Etat, pour faire des représentations à Versailles, sur la marche du gouvernement, en ce qui concernait les privilèges de la province tout à fait mis de côté. Plusieurs se montrèrent tenaces dans leurs vœux et leurs remontrances et furent, pour ce motif, emprisonnés à la Bastille; et, de ce nombre, fut l'abbé de Nantois.

Doué d'une grande intelligence et d'une élocution facile, il s'était montré, ainsi que tous nos bretons de ce temps, très énergique dans l'accomplissement de sa mission. Il partagea le sort de ses collègues, fut traité en factieux et ne s'en revint en Bretagne qu'après avoir fait un mois de prison à la Bastille. Quand vinrent les mauvais jours de la Terreur, il émigra à Jersey, revint de l'exil et mourut vicaire général de Saint-Brieuc.

Nous ne pouvons nous dispenser aussi de rendre hommage à l'un de ses contemporains, M. l'abbé de la Motte-Rouge, qui restaura la paroisse de Saint-Martin en 1829 et consacra la plus grande partie de sa fortune à créer des ressources à la fabrique. Il y mourut, et sa tombe se trouve vis-à-vis le portail sud de la plus vieille église de Lamballe (1).

Profitant du décret d'amnistie, il rentra à Lamballe dès la fin de 1801. Quoique n'ayant pas eu pendant ses longues années d'exil la vie dure et agitée de plusieurs de ses confrères dans le sacerdoce, il s'était vu dans la nécessité d'employer toutes les ressources de l'instruction solide qu'il avait reçue dans sa jeunesse pour pouvoir vivre.

---

(1) *Souvenirs des campagnes du général de la Motte-Rouge*, tom. 1, et renseignements particuliers.

Après un court séjour à Guernesey, il s'était fait adopter par quelques familles riches de l'île pour donner des leçons de français et de latin à leurs enfants. Il y joignait des leçons d'escrime qu'il avait beaucoup pratiquée pendant le cours de ses études, malgré sa qualité d'abbé, et sur laquelle il était d'une force supérieure. Il le prouva à plusieurs officiers de ses amis qui avaient voulu jouter avec lui et qui, à chaque fois, étaient boutonnés plus qu'ils ne l'eussent voulu.

Pendant tout son exil, menant une vie des plus austères, il avait voulu vivre de son travail, sans être à charge à personne. Il était chanoine de la cathédrale de Tréguier. Un des officiers les plus renommés de la marine anglaise de cette époque, le vice-amiral Saumarez dont il avait élevé les enfants, l'avait pris pendant son exil en telle amitié, que jusqu'à la fin de sa vie, il lui en donna les preuves les plus touchantes, en lui envoyant en France chaque année un cadeau qui attestait son sympathique souvenir.

Quand MM. Milet et Brault quittèrent leurs paroisses, ils emportèrent avec eux la douce consolation de les laisser admirablement préparées à la lutte. Quelques jours seulement avant leur départ pour l'Angleterre, ils avaient eu soin de faire distribuer dans toutes les familles chrétiennes de Lamballe, un excellent opuscule intitulé : *Exercices à l'usage des catholiques qui sont privés des saints Offices*. Il y a trente ans, plusieurs exemplaires existaient encore dans notre ville. Nous sommes heureux de pouvoir donner quelques extraits de ces exercices à nos lecteurs : « Le jour du dimanche, y était-il dit, vous vous « assemblerez en famille dans la matinée ; vous réciterez « en commun les prières du saint sacrifice de la messe et « vous terminerez par la lecture d'un chapitre du Journal « des Saints, de l'évangile et de l'épître du jour.

« Au *Dominus vobiscum*, vous direz : Mon Dieu ! quand

« entendrons-nous votre ministre nous annoncer que vous
« êtes avec nous ? Quand le verrons-nous baiser l'autel ?
« Au *Credo*, vous direz : O sainte Eglise Romaine, je le
« crois, hors de vous l'on ne peut être sauvé. Les persé-
« cutions que vous endurez ne me scandalisent point ;
« elles affermissent au contraire ma foi puisque votre
« Divin Epoux vous les a prédites.

« Vous chanterez avant les vêpres, le cantique suivant :

« Seigneur, notre plus douce étude
« Etait d'honorer ces grands jours.
« Nos temples seront-ils pour toujours
« Changés en une solitude ? (*bis*).

« Enfin vous terminerez la sanctification de ce saint jour
« par la récitation du chapelet pour le triomphe de l'Eglise
« Romaine et le salut de la France, et par des œuvres de
« charité chrétienne. »

Nous pouvons dire dès maintenant que les catholiques
lamballais suivirent fidèlement les conseils de cet excellent
petit livre ; nous en donnerons les preuves bientôt. Pour
relever en quelque sorte le culte officiel, le parti révolutionnaire, loin d'interdire les solennités de la Fête-Dieu,
avait envoyé partout des ordres pour qu'on lui donnât le
plus grand éclat. L'on affectait et l'on ordonnait au besoin
le respect qu'elle devait inspirer. L'habileté révolutionnaire
avait ses desseins en encourageant des manifestations dont
s'irritaient les jacobins ardents à cause de leur caractère
religieux. L'heure de l'abolition de tous les cultes n'était
pas venue, et Camille Desmoulins pouvait dire avec cynique
franchise à Manuel, procureur de la Commune de Paris :
« Les rois sont mûrs, mais le bon Dieu ne l'est pas
« encore. » Pour se conformer aux ordres reçus, le bureau
municipal invita tous les corps administratifs, judiciaires
et militaires à assister à la procession de la Fête-Dieu du

7 juin 1792 à laquelle la population de la ville ne prit aucune part.

Cette abstention générale étonna les révolutionnaires, qui étaient loin de s'y attendre, et en furent très irrités. Plus les prêtres fidèles s'éloignaient, plus les prêtres jureurs s'enhardissaient, quoique le mépris public les poursuivît sans trêve, ni merci. Le courage et la noble conduite de tant de prêtres catholiques en exil ou enfermés dans les maisons d'arrêt de Lamballe, de Saint-Brieuc, de Guingamp, de Dinan, faisaient contraste avec la lâcheté et le manque absolu de toute dignité des nouveaux pasteurs mercenaires. On les vit même, en plats valets des tyrans d'alors, associer aux cérémonies les plus saintes les plus odieuses parodies.

Clérivet nous en donne une nouvelle preuve en allant, le 7 juin, après la procession de la Fête-Dieu, prendre une bêche en compagnie du maire, du juge de paix, du président du tribunal, des commandants de la garde nationale et de la gendarmerie et de la société des amis de la Constitution, et cimenter d'une pelletée de terre la base de l'arbre de la liberté planté sur la place du Martray. Pendant cette cérémonie d'un ridicule achevé, des décharges réitérées d'artillerie se firent entendre, et mille cris de : Vive la nation ! Vive la loi ! Vive le roi ! Vive la liberté ! Vivre libres ou mourir ! retentirent jusqu'aux extrémités de la ville.

Le Dissez, maire d'alors, qui s'était empressé de rogner son titre de Penanrun pour les besoins de son ambition de franc-maçon et de révolutionnaire, prononça le discours patriotique d'usage qui fut suivi, nous dit le procès-verbal de la séance du 7 juin, de nouveaux cris d'allégresse (1).

A peine M. Milet et ses compagnons d'exil avaient-ils quitté la France, oublieux de leur devoir, disait le procureur de la commune, qu'on se hâta de mettre à exécution

(1) Archives municipales.

les lois portées contre les prêtres insermentés ; on les déclara traîtres à la patrie ; leurs biens furent placés sous le séquestre et on les traita comme émigrés.

Voici la copie textuelle de l'acte officiel par lequel les biens des prêtres lamballais en exil furent séquestrés.

« Lamballe 23 messidor, an 2e de la République une et
« indivisible :

        « *Liberté.*   *Egalité.*   *Union.*

« L'administration du district de Lamballe au comité
« de surveillance révolutionnaire du chef-lieu.

      « CITOYENS,

« Par délibération du 23 prairial, nous avons nommé
« des commissaires pour séquestrer les meubles et immeu-
« bles de Jean Hervé, ex-curé de Martin. S'ils n'ont pas
« rempli leur commission, ce n'est pas faute qu'on ne les
« en ait pressés. La loi est pour tous, on ne doit faire
« acception de personne. Les biens de Mettris et des deux
« Briosne sont saisis. La délibération pour le séquestre
« de ceux de Duchemin et d'Abgral, a été prise le 25 prai-
« rial ; les citoyens Pinault et Farault en sont chargés. Il
« reste encore plusieurs biens de prêtres à saisir ; on s'en
« occupera sans relâche, malgré les travaux multipliés de
« l'administration, mais le défaut des commissaires est un
« obstacle qui ralentira nécessairement la vivacité de notre
« marche.

        « Vive la Montagne !
        « Salut et fraternité.

                      « GROLLEAU. »

Pendant que les révolutionnaires dépouillaient les prêtres fidèles de leurs biens patrimoniaux, en haine de la religion et de la manière la plus arbitraire et la plus injuste, les prêtres intrus Clérivet et Charles Micault, mus par la plus sacrilège cupidité, ne craignaient pas d'acheter des biens d'église.

Dans l'état des biens ecclésiastiques vendus dans le district de Lamballe depuis le 14 février 1791 jusqu'au 25 brumaire de l'an 4 inclusivement, que nous a prêté un ami de Saint-Brieuc, nous trouvons parmi les acquéreurs de ces biens : 1º au numéro 102, Clérivet, curé constitutionnel de Lamballe achète, le 13 juin 1791, deux pièces de terre, en Erquy, données pour fondation de messes au prix de 2.005 francs.

2º Au numéro 33, Charles Micault, de Lamballe, achète, le 21 décembre 1791, au prix de 1.500 francs, deux pièces de terre données pour fondation de messe à l'église de Maroué ; et, le 11 janvier 1792, il achète au prix de 895 francs, trois pièces de terre, données en fondation à l'église de Meslin.

Nous vous le demandons, chers lecteurs, où se trouvaient la noblesse de caractère, la dignité sacerdotale, le véritable amour de Jésus-Christ et de son Eglise qui va jusqu'au mépris de soi? Etait-ce dans ces vils apostats, dans ces parjures qui, après avoir promis de défendre l'Eglise, foulent aux pieds leurs serments les plus solennels, pour devenir ses spoliateurs et ses ennemis acharnés, dans ces hommes, en un mot, qui, méprisant les intérêts de Dieu et des âmes pour lesquels ils ont reçu le caractère auguste du sacerdoce, se déshonorent en cherchant avant tout, malgré les terribles censures qu'ils encourent, les intérêts matériels et les satisfactions du plus dégoûtant égoïsme, ou bien dans ces excellents prêtres qui, pour rester fidèles à leurs engagements les plus sacrés, n'hésitent pas un instant non seulement à se laisser dépouiller de tout, mais encore acceptent généreusement de se voir arracher à l'affection de leurs père et mère, de leurs sœurs et frères, à leur patrie si chère pour se vouer à une vie toute de sacrifice et d'immolation ? La réponse est trop évidente et trop claire pour que nous insistions.

Après cela, il n'est pas étonnant que le citoyen Clérivet, voyant le vide se continuer autour de lui, eût éprouvé le besoin de s'attacher à ses nouveaux paroissiens pour lesquels il était un objet de répulsion.

Il crut qu'une visite de son évêque Jacob suffirait pour obtenir la réalisation de son désir : il la sollicita et il l'obtint, elle fut fixée au 9 octobre.

Etait-ce à dessein, un grand concours de peuple devant se trouver à Lamballe ce jour-là pour la foire saint Denis? On peut le croire. Dès la veille, un membre de la municipalité annonça cette heureuse nouvelle à ses collègues et il fut décidé sur le champ qu'une garde d'honneur irait à la rencontre du prélat constitutionnel, que le conseil en corps lui ferait visite, que les curés de Saint-Jean et de Saint-Martin feraient de leur côté toutes les cérémonies en usage et avec la solennité accoutumée.

Malgré toutes ces précautions, l'enthousiasme fit absolument défaut. L'évêque Jacob eut beau étaler sa ceinture tricolore sur son large abdomen et distribuer ses bénédictions; les chevaux, les vaches, les cochons et les moutons absorbèrent toute l'attention de la foule. Il n'eut pas même le succès des saltimbanques de la foire. Sa visite passa complètement inaperçue, au grand désespoir du sieur Clérivet.

Nous avons vu jusqu'ici avec quelle persévérante frénésie les révolutionnaires francs-maçons ont poursuivi eux-mêmes légalement l'abolition du clergé catholique. Délivrés des obstacles du véto royal, ils renouvelèrent d'abord le décret contre l'habit des prêtres ; ensuite, ils s'occupèrent de leurs personnes. Dès le 23 août, la commission extraordinaire législative proposa un nouveau décret sur le mode de déportation des prêtres, déclarant que tous les ecclésiastiques rebelles au serment devaient sortir du territoire français sous quinze jours.

La déportation n'était pas du goût de certains révolutionnaires qui désiraient un moyen plus expéditif pour se défaire du clergé ! Mais avant que la loi de mort fût portée, l'Assemblée nationale rendit, le 26 août 1792, un décret aussi barbare qu'impie (1).

En vil et plat serviteur du pouvoir persécuteur de notre sainte religion, le citoyen-curé Clérivet n'eut pas honte de publier, à la messe paroissiale de Saint-Jean, cette loi infâme relative aux ecclésiastiques qui n'avaient pas prêté serment à la Constitution ou l'avaient rétracté, et énumérant les peines édictées contre eux. Il eut l'impudeur, tant il était aveuglé par un orgueil et une haine inconcevables, d'attester, par sa signature, la publication de cette loi draconienne.

Ce décret de l'Assemblée peut être regardé comme son premier acte d'homicide légal qui va être suivi sans tarder des massacres les plus horribles, comme pour montrer à l'univers que le cœur des impies recèle la cruauté des cannibales.

Du fond de leur terrible comité de surveillance, ces êtres, à figure humaine mais au cœur de tigre, déclarèrent que le décret porté par l'Assemblée contre les prêtres était trop doux ; ils lui substituèrent la mort. Marat avait proposé de déblayer d'une manière prompte les prisons en y mettant le feu. Le bourreau fut mandé ; interrogé combien il pourrait faire tomber de têtes en un jour sous la guillotine, il répondit : « cinq à six cents. » « En ce cas, lui dirent les municipes, nous n'avons pas besoin de toi. »

Ce service de mort leur parut trop lent, et ils choisirent dans chaque section les sujets les plus féroces pour égorger

(1) *Moniteur* du 25 et 28 août 1792.

de pauvres prêtres auxquels l'on ne pouvait reprocher que
leur attachement à la véritable Église de Jésus-Christ.

M. Edgar Quinet a rendu toute l'horreur de ces égorgements dans une rapide esquisse que nous sommes obligé
d'abréger : « Ainsi préparés, dit-il, les massacres s'exécu-
« tèrent administrativement. Ce fut partout la même dis-
« cipline dans le carnage. Le 2 septembre, les quatre
« voitures remplies de prêtres, parties de la mairie et
« laissées tout ouvertes, servirent à allécher les égorgeurs.
« Quand ce premier sang fut versé, la soif s'alluma. Les
« portes des prisons s'ouvrent d'elles-mêmes, nul besoin
« de les forcer. Les guichetiers avertis s'empressent, ils
« allument des torches, ils conduisent eux-mêmes une
« poignée de meurtriers ; ceux-ci se jettent sur les pri-
« sonniers qu'ils rencontrent d'abord. Cela fut accordé à
« la première fureur, à l'Abbaye et aux Carmes.

« Mais, presque aussitôt, un simulacre de tribunal se
« forme aux vestibules des prisons, les registres d'écrou
« sont apportés. Un homme en écharpe préside ; il se
« trouve autour de lui des inconnus qui se disent les
« juges. Maillard, de Versailles, reparaît pour présider à
« l'Abbaye. Les prisonniers sont amenés l'un après l'autre,
« escortés par des gardes. Ils comparaissent un moment ;
« les tueurs, les bras retroussés, à côté des juges, atten-
« dent, pressant la sentence. Sur un signe de M. le Pré-
« sident, suivi de ces mots : « A la Force ou à l'Abbaye »,
« les prisonniers sont livrés aux égorgeurs qui s'entassent
« à la porte. Ils se croient sauvés, ils tombent massacrés.
« D'abord, ils tuèrent d'un seul coup de sabre, de coute-
« las, de pique ou de hache ; puis il voulurent savourer
« le meurtre et il y eut entre les bourreaux et les victimes
« une certaine émulation.

« Les premiers cherchaient les moyens de tuer lente-
« ment et de faire sentir la mort ; les autres cherchaient,
« par l'exemple, les moyens de s'attirer la mort la plus

« rapide. Cependant on avait apporté des bancs pour
« assister en spectateurs au carnage. Quand la fatigue
« commença, les meurtriers se reposèrent. Ils eurent faim,
« ils mangèrent tranquillement. Ils se firent fournir du
« vin qu'ils burent avec sobriété, craignant par dessus tout
« de ne pouvoir continuer leur tâche. Le nom qu'ils se
« donnaient était celui d'ouvriers, et ils savaient le nombre
« de victimes qu'ils avaient à livrer. A deux pas des égor-
« geurs, au milieu de la vapeur du sang, siégeaient quel-
« quefois des administrateurs ; ils continuaient à expédier
« les affaires civiles dans ces bureaux d'égorgements. Tels
« furent les massacres à l'Abbaye, aux Carmes, à la Force,
« à la Conciergerie, à Bicêtre, dans les huit prisons de Paris.

« Après ce que l'on pouvait appeler la surprise de la
« première heure, ils recommencent le lendemain avec
« plus de sécurité, puis le surlendemain, pendant quatre
« jours. Ou plutôt, il n'y eut aucun intervalle ; la seule
« différence du jour à la nuit, c'est qu'on illuminait les
« cours pendant la nuit, pour voir clair dans cet abattoir.
« Car jamais les égorgeurs ne cherchèrent à se cacher
« dans les ténèbres ; au contraire, ils allumaient des lam-
« pions près des cadavres, pour que l'on vît à la fois
« l'ouvrage et l'ouvrier (1). »

« Ce qu'il y a de monstrueux dans ces massacres, dit
« M. H. Wallon, c'est qu'on n'y voit pas une fureur qui
« enivre et qui emporte, c'est une besogne qui s'exécute,
« c'est un égorgement à froid, régulier, méthodique, exécuté
« sous l'œil de l'administration (2). »

Cela s'explique, car nous savons aujourd'hui par les
savantes recherches qui ont été faites sur la Révolution
dans notre siècle, que les vrais coupables, Marat, Danton,
Robespierre, Manuel, Billaud-Varennes, Panis, Sergent,

---

(1) *La Révolution*, par Edgar Quinet, tome 1, page 382 à 383.
(2) *La Terreur*, tome I, page 46.

Fabre d'Eglantine, Camille Desmoulins étaient non seulement dévoués à la franc-maçonnerie, mais y possédaient les plus hauts grades. C'est des loges maçonniques que partit le signal de ces affreuses hécatombes. L'exemple de la capitale gagna bientôt les départements où des émissaires, envoyés de Paris par la municipalité avec des ordres signés par Danton, provoquaient les mêmes barbaries.

« Il serait impossible de compter le nombre de prêtres
« immolés, dit Ludovic Sciout, pendant ces jours à jamais
« néfastes ; il a été incalculable à Paris, il l'a été davan-
« tage dans les provinces par les troubles longs et cruels,
« par les vengeances privées qui, ayant présidé à ces
« assassinats, ont empêché d'en suivre les traces. A peine
« y eut-il quelques villes où l'on ne vit pas des scènes de
« barbarie analogues à celles de Paris. C'était partout des
« exécutions atroces, des feux allumés où l'on précipitait
« les victimes, des cortèges hideux où la populace prome-
« nait en triomphe leurs restes sanglants, des jeux épou-
« vantables où leurs cadavres palpitants servaient d'amu-
« sement et de spectacle à leurs bourreaux. On eût dit
« que ces malheureux proscrits n'étaient plus des hommes,
« tant leurs assassins avaient perdu les traits de l'huma-
« nité. On eût pris les amis de Dieu pour des criminels,
« tant les fauteurs de l'impiété s'efforçaient de les faire
« disparaître. Mais la Révolution consacrait les principes
« qui l'avaient fait naître : elle avait commencé par être
« impie, elle devait s'accroître en devenant sanguinaire ;
« car, lorsque l'homme n'admet plus de frein, ni dans
« les cieux, ni aux enfers, en un mot, quand il ne croit
« plus à un Dieu infiniment juste, vengeur du crime et
« rémunérateur de la vertu, il s'adore lui-même et son
« orgueil dégénère en cruauté. N'était-ce pas dans le temps
« que les Romains élevaient à Néron ses apothéoses qu'ils
« brûlaient tout vifs de pauvres chrétiens, enduits de poix

« et de bitume, dont ils faisaient des torches vivantes tout
« autour du Colysée (1) ? »

Les prêtres fidèles de Lamballe auraient sans aucun
doute été victimes de cette haine farouche, s'ils n'avaient
gagné à temps, comme tant d'autres, la terre hospitalière
de l'Angleterre qui, en présence de leur si affligeante infortune, fit taire la voix de ses préjugés pour ne laisser entendre
que celles de son admiration et de sa bienfaisance en faveur
de la vertu et de la piété opprimées.

A l'occasion d'une victoire remportée par l'armée française sur l'ennemi, il y eut à Lamballe une fête des plus
bruyantes. Le citoyen-curé de Lamballe (style officiel) fut
prié de chanter un *Te Deum*; et, pour la première fois, bien
des voix avinées chantèrent et répétèrent à l'envi l'hymne
devenu célèbre de Rouget de l'Isle, la *Marseillaise*, des
illuminations générales furent commandées. De nouveaux
succès amenèrent de nouvelles fêtes ; le 18 novembre une
messe fut célébrée à Saint-Jean vers sept heures ; une
seconde plus solennelle fut chantée à 10 heures, à Notre-
Dame, en présence des corps constitués et de toute la
troupe ; enfin, un feu de joie fut allumé sur l'esplanade du
château, avec accompagnement de la *Marseillaise* chantée
en chœur : c'était, comme aujourd'hui, l'hymne obligatoire.
Quand il fallut payer les frais de toutes ces fêtes, la
municipalité se vit dans la nécessité de déclarer que cela
lui était impossible, la caisse de la ville étant à sec ; alors,
avec une désinvolture vraiment charmante, elle laissa le
soin de payer au district et au département qui, paraît-il,
se montrèrent bons enfants pour la circonstance.

(1) *La Constitution civile du clergé*, tome II.

Le dernier des ducs de Penthièvre.

—

Le bon duc de Penthièvre, au milieu des chagrins dont il était accablé, n'oublia pas les pauvres du chef-lieu de son duché ; son régisseur Cicille leur fit distribuer en son nom la somme de trois cents livres. Une note des curés constitutionnels Clérivet et Jean Verne consigna cette largesse et l'expression de leur gratitude sur le registre de la municipalité.

Nous croyons intéresser nos lecteurs en leur donnant un court résumé de la vie de ce vertueux prince qui a mérité une place dans l'*Histoire de la vie des Justes dans les plus hauts rangs de la société,* de l'abbé Carron.

Longtemps avant la mort du duc de Vendôme, le duché de Penthièvre était passé dans des mains étrangères. Ce prince l'avait vendu, en 1688, à Marie-Anne de Bourbon, veuve du prince de Conti. Celle-ci ne conserva cette terre que quelques années ; elle la revendit en 1696 à Louis-Alexandre de Bourbon, comte de Toulouse, fils légitimé de Louis XIV.

Le comte de Toulouse obtint de Louis XIV de nouvelles lettres pour l'érection du Comté de Penthièvre en Duché-Pairie pour lui, ses hoirs et successeurs mâles ou femelles, sans que cette érection puisse priver les propriétaires de cette terre du droit d'assister aux Etats de la Province comme les comtes de Penthièvre ont coutume d'y assister, ou de jouir des autres droits ou privilèges dont les Comtes de Bretagne doivent jouir dans ces assemblées : ces lettres sont du mois d'avril 1697.

Ce prince épousa, en 1723, Marie-Victoire-Sophie de Noailles et mourut en 1737. Il ne laissa qu'un fils, Louis-Jean-Marie de Bourbon, qui a été le dernier des ducs de Penthièvre. Ce pieux prince naquit à Rambouillet le 16 novembre 1725. De très bonne heure, il embrassa la carrière des armes et fit sa première campagne en 1742 sous le maréchal de Noailles. L'année suivante, il se distingua par sa bravoure à Dettingue et à Fontenoy. Il eut une large part aux succès qui couronnèrent les armes françaises dans cette mémorable campagne.

En 1746, lorsque les Anglais menaçaient la Bretagne, le duc de Penthièvre fut élevé au grade d'amiral, obtint le gouvernement de cette province et donna aux Etats assemblés la plus haute idée des brillantes qualités qui le distinguaient.

Grâce à son activité et à ses talents de marin, la Bretagne fut préservée à cette époque de toute invasion. Il retourna à Paris en 1748. Il avait épousé, en 1744, Marie-Félicité d'Est, fille du duc Modène, qu'il fit rentrer, grâce à son influence, dans ses Etats qui lui avaient été confisqués pour s'être déclaré contre la France.

Ayant ensuite quitté le service militaire, le duc de Penthièvre fit un voyage en Italie et fut accueilli à Rome, par Benoît IV, avec tous les honneurs dus à sa naissance et à son mérite. Quelques années après son retour en France, le 30 avril 1754, il perdit son épouse avec laquelle il avait vécu dans l'union la plus parfaite. Il était encore sous le coup de cette douloureuse séparation, lorsque la mort prématurée de son fils, le prince de Lamballe, vint le plonger dans le plus noir chagrin. Ce jeune prince s'était malheureusement laissé entraîner dans les débauches du trop fameux duc d'Orléans, surnommé depuis « Egalité » ; mais sa santé peu robuste ne tarda pas à succomber aux excès du libertinage. Ses vices faisaient un triste contraste avec les vertus de son père : il fut emporté en 1768, à l'âge de 20 ans, par une mort que sa conduite criminelle et dissolue avait accélérée. Il ne laissa point d'enfants de son mariage avec Marie-Thérèse-Louise de Carignan qu'il avait épousée en 1765 et qui est si connue sous le nom de Princesse de Lamballe.

Il ne restait plus au duc de Penthièvre, après la mort du prince de Lamballe, qu'une seule fille, Louise-Marie-Adélaïde de Bourbon-Penthièvre. Elle épousa en 1769, n'ayant encore que seize ans, ce même duc d'Orléans dont les débauches avaient causé la mort de son frère et dont le caractère vicieux contrastait singulièrement avec les mœurs douces et pures de cette jeune princesse et de son vertueux père.

Cet excellent prince ne se contentait pas de soulager l'infortune, il mettait tous ses soins à la prévenir et ne ménageait ni dépenses, ni démarches pour atteindre ce charitable but. L'hospice qu'il fit construire aux Andelys lui coûta plus de quatre cent mille francs. Il fit élever avec une égale magnificence un autre hôpital à Crécy en 1787. Son plus grand plaisir consistait à converser avec les gens instruits qu'il protégeait et réunissait, tous les ans, dans son château de Rambouillet.

Il fut le dévoué protecteur du poète Florian dont il avait fait son premier gentilhomme : ce fut pour le distraire et grâce à ses encouragements que cet auteur composa ses fables. Le roi qui avait le duc de Penthièvre en grande estime le nomma président de l'un des sept bureaux de l'assemblée des notables, où il montra autant de sagesse dans ses vues que de connaissances peu communes.

Au début de la Révolution, le duc tint une conduite qui devait le mettre à l'abri des poursuites des factieux. Pendant toute sa vie, il n'avait usé de son immense fortune qu'au profit de l'indigence et du malheur ; aussi, recueillit-il le fruit de cette généreuse et persévérante charité dans ces temps de calamités où la richesse et la naissance étaient des titres de haine et de proscription.

Le duc de Penthièvre s'était retiré à Vernon avec sa fille, la duchesse d'Orléans. Les citoyens de toutes les classes, et même les plus révolutionnaires, se réunirent dans l'église principale de la ville, le 20 septembre 1792, pour délibérer sur les mesures à prendre pour mettre M. de Penthièvre et Madame d'Orléans à l'abri de toute insulte et de toute tracasserie. D'un commun accord, ils décidèrent d'aller chercher le plus bel arbre de la forêt et de le planter devant la porte du château, avec les emblèmes de la liberté, sur lesquels on lisait en gros caractères : *Hommage rendu à la vertu.* Ils crurent que ces signes suffiraient seuls à arrêter les plus factieux ; et, en effet, personne n'osa troubler le repos du duc et de sa fille.

Les Augustins de Lamballe.

Jean I, dit le Roux, comme duc de Bretagne et plus encore en qualité de comte de Penthièvre, voulut avoir des moines dans sa bonne ville de Lamballe. Il appela des religieux connus sous le nom de frères de la pénitence ou de frères sachets, à cause de leur vie pauvre et mortifiée et de l'espèce de sac dont ils se couvraient. C'était une congrégation de religieux Augustins différente de celle des Ermites. Jean I les avait placés en dehors de sa forteresse et même de l'enceinte de la ville, sur la vieille terre de la Garde. Jean II, son fils, enrichit à son tour ce nouveau couvent ; et, dans son testament, lui légua cent livres, somme très forte pour cette époque. Ce fut saint Louis qui fit venir d'Italie ces religieux fort austères qui, non seulement pratiquaient une abstinence de viande perpétuelle, mais aussi ne buvaient que de l'eau. Leur extrême pauvreté, le petit nombre de ceux qui se vouaient à un genre de vie aussi dur et surtout les décrets du Concile de Lyon qui supprimèrent les ordres mendiants à l'exception de quatre, firent tomber insensiblement l'ordre des frères sachets. Jean III, comte des Bretons, avant de donner le comté de Penthièvre en partage à Guy, son frère, les remplaça en 1317, de sa propre autorité, sans avoir consulté le Pape ni même Alain de la Roche, plus connu sous le nom d'Alain de Lamballe, évêque de Saint-Brieuc, par les Ermites de Saint-Augustin. Le Pape Jean XXII punit cette usurpation des droits de l'Eglise en lançant une excommunication contre ce prince qui se repentit, reconnut sa faute, en demanda pardon au Souverain Pontife qui lui pardonna et confirma alors le nouvel établissement. Aussi, la fondation des Augustins à Lamballe lui est attribuée.

Les libéralités des seigneurs du pays vinrent bientôt enrichir ce couvent. Olivier de Tournemine donna, en 1337, cent vingt livres de rente et demanda à être inhumé dans le chœur de la chapelle, ainsi que Isabeau de Machecoul, son épouse. Leur tombeau a subsisté jusqu'en 1793. Isabeau était morte en 1338 et Olivier en 1342, avant la guerre de succession.

Les Tournemine, arrière-petits-fils des comtes de Lamballe par les femmes, choisirent la chapelle de l'*Ave Maria* comme lieu de sépulture, bien qu'ils eussent déjà une chapelle à l'abbaye de Saint-Aubin-des-Bois, du côté de l'évangile, avec caveau et statues. En 1363, Charles de Blois enrichit la chapelle des Augustins de Lamballe d'une précieuse relique de saint Yves.

En 1370, Thomas Thesselin, prieur des Augustins, dans

sa déposition lors de l'enquête sur les vertus et les miracles du vieux Charles de Blois, dit que ce prince avait donné trente florins d'or à son couvent et qu'il l'avait enrichi d'une portion de côte de saint Yves. Il ajouta qu'il avait vu ce pieux comte de Penthièvre porter à Notre-Dame une relique du même saint au milieu d'un immense concours de peuple et de tout le clergé, recteurs et religieux du comté. Jean III n'avait donné que le lieu et place de la maison conventuelle. Olivier de Vauclair ajouta les champs et terres de la Garde *esqueulx champs et terres la foire « aux chevaux, vaches, pourceaux et austres est accoustu- « mée estre chascun an à la feste de Saint Denys et le « lendemain et comme ladicte foire se poursuit sur les « champs jouxte les murs de l'hébergement aux dicts reli- « gieux d'une partie et l'esve ou eau du ruisseau qui des- « cend du moulin devant la porte de la ville au moulin « du prieuré de Saint-Martin d'autre partie. »*

Ceux qui connaissent Lamballe voient facilement de quelle importance était ce legs qui leur livrait tout le terrain qui s'étend depuis le moulin de la ville, y compris le Jeu de paume, jusqu'au moulin de Saint-Martin avec les jardins du Pavillon et la plus grande partie du haras.

Les legs y abondèrent de toutes parts jusqu'aux guerres de la Ligue. Pendant les xve et xvie siècles, les Augustins se ressentirent fortement des dissensions qui désolèrent le pays et subirent trois ou quatre pillages de la part des lansquenets du prince de Dombes. Leur maison et leur église furent complètement mises à sac.

Depuis cette époque jusqu'à sa ruine, peu d'accroisse-ments furent faits à cette communauté. On y ajouta seule-ment le clocher dont le style architectural contrastait hideu-sement avec le reste de l'édifice. Un historien de notre pays a pu dire : *« Des bâtiments spacieux, un vaste enclos, une « belle chapelle du XIVe siècle, embellie encore au com- « mencement du XVIe par d'élégantes additions, faisaient*

« *de ce couvent un des principaux établissements de la*
« *Congrégation des Augustins de Bretagne* (1). »

Les religieux de Lamballe, comme ceux de Rennes et de
Vitré, appartenaient à la réforme de Bourges et étaient, par
conséquent, de ceux que l'on désignait sous le nom de
Petits Augustins. Il n'y eut jamais au monastère de l'*Ave
Maria* (c'était le titre de la maison de Lamballe), plus de
cinq ou six profès, mais la congrégation y avait en même
temps un de ses collèges, sorte de noviciat où l'on instrui-
sait les jeunes gens qui se destinaient à entrer dans l'ordre.

Pendant plusieurs siècles, les moines Augustins rendirent
les plus éminents services aux paroisses du Penthièvre par
leur zèle et leur dévouement à prêcher l'évangile. Partout
on les voyait organiser des retraites, des missions et des
pèlerinages où les populations accouraient en foule pour
entendre la parole entraînante des pieux missionnaires.
Longtemps à l'abri des souffles délétères dont ils subirent
la fatale influence, ils furent de vrais pionniers de l'évangile pour notre pays où ils entretinrent et augmentèrent,
par la parole et leurs vertus austères, le feu sacré de la foi.

L'on compte parmi eux bon nombre de prieurs qui se
firent remarquer par la sainteté de leur vie et leur dévouement vraiment apostolique. Le Révérend Père Ange Le
Proust suffirait à lui seul à les illustrer. C'est lui qui fonda,
à une époque malheureuse, cette congrégation des Hospitalières de Saint-Thomas de Villeneuve qui se voue depuis
plus de deux cents ans aux soins des malades, des vieillards et des orphelins, avec un dévouement au-dessus de
tout éloge. Malheureusement, l'heure de la décadence arriva
pour les Augustins de Lamballe, comme pour tant d'autres
communautés, lorsque le laïcisme, au moyen de la Com-
mende, envahit les charges ecclésiastiques pour en recueillir
les bénéfices sans en accepter les responsabilités. Peu à

(1) Sigismond Ropartz, *Portraits bretons*.

peu, insensiblement, la ferveur première s'évanouit, le zèle diminua, la vie naturelle étouffa la vie spirituelle et engendra le relâchement, source de tous les maux.

Le Révérend Père Ange Le Proust, de sainte mémoire, venait d'être nommé prieur de la maison de Lamballe, dans un chapitre tenu à Montmorillon sous la présidence du R. P. Lucchini, général de l'ordre. Nouveau Vincent Ferrier, il parcourut en apôtre le Poitou, le Berry et la Bretagne.

Ce n'était point un orateur brillant ni un élégant rhéteur, mais c'était un théologien plein de science, à l'accent si convaincu, à la parole si ardente qu'il ne laissait aucun doute dans l'esprit et savait admirablement le chemin du cœur. Aussi eut-il un grand ascendant sur les âmes qu'il ramenait en foule à Dieu et à la vertu ; c'était un grand convertisseur. Chose extraordinaire, ce véritable apôtre qui s'était aperçu en arrivant à Lamballe du relâchement de ses frères en religion n'eut aucune influence sur eux ! Toutes ses prières, toutes ses exhortations furent vaines ! Tous les moyens qu'il employa pour les rappeler à l'observation de leur règle vinrent se briser contre une indifférence et un parti pris qui dénotaient un mal invétéré. Ils en étaient arrivés à un tel degré de révolte et d'insubordination contre l'autorité, ils avaient tellement perdu tout sentiment du plus vulgaire respect pour leurs supérieurs hiérarchiques que, comme des écoliers révoltés, ils résolurent de se venger des remontrances de leur pieux et saint prieur, le R. P. Ange Le Proust ! ! ! Et pour ce, ils l'enfermèrent à clef dans sa chambre pendant un mois, lui passant sa maigre pitance de chaque jour par le trou au chat de sa porte. Cette gaminerie, qu'on aurait peine à croire si elle n'était affirmée par des témoignages irrécusables, nous donne une idée du relâchement incroyable dans lequel étaient tombés ces pauvres moines Augustins dès la fin du dix-septième siècle.

A cette époque, des discussions passionnées s'élevèrent entre eux et le clergé des paroisses à l'occasion des funérailles faites dans leur église.

Les bons offices de l'Evêque de Saint-Brieuc ne parvinrent point à les calmer, mais un arrêt du Parlement de Bretagne y mit fin en condamnant leurs empiétements. La mort du Père Ange, arrivée en 1697, fut un véritable deuil pour la ville de Lamballe où ses hautes vertus et son immense charité avaient laissé un impérissable souvenir. Ses confrères, au contraire, finirent par s'y faire détester, tant était grand le discrédit que leur valut leur vie désordonnée. Nous en avons pour preuve l'affiche suivante qui fut apposée sur la porte de leur couvent en 1785.

« Nous promettons un louis pour récompense aux gens
« de bonne volonté qui auront assez d'adresse et de cha-
« rité pour administrer vingt coups de bâton au Père Enau,
« fils d'un mitron de Rennes, et actuellement, mais depuis
« beaucoup trop longtemps, mauvais prieur des Augustins
« de Lamballe, pour faire aboutir un gonflement qu'a le
« susdit Père entre les deux épaules. »

Ils aimaient à s'ingérer dans l'administration ; aussi étaient-ils arrivés à tenir les registres de la Communauté de ville, sur les marges desquels nous n'avons pas été peu étonnés de rencontrer des gouailleries et des moqueries de tout genre qu'ils décochaient à l'adresse du clergé des paroisses.

C'est avec ce mauvais esprit et ce dévergondage qu'ils furent surpris par la Révolution. Lorsqu'elle éclata, la municipalité s'empressa d'installer dans leur couvent les bureaux de l'administration civile et criminelle. On fit l'inventaire des biens meubles et immeubles, et il s'éleva à la somme de 112.284 livres. Tous ces biens furent vendus et le maire, au nom de la commune, ne se porta acquéreur que des bâtiments conventuels de l'église et du vaste enclos qui les entourait et dont la moitié fut donnée plus tard à l'hospice civil. Sans doute, il n'était pas au pouvoir des Augustins de conserver ces biens et les pieuses fondations confiées à la garde et à la piété de leurs devanciers, parce que la force et la violence en temps de trouble primeront toujours le droit ! Mais il est un trésor au monde que nulle puissance ne peut ravir, c'était leur honneur et celui de leur ordre. Les malheureux n'en eurent aucun souci ; ils laissèrent dans le plus profond oubli les vertus et les magnifiques exemples de saint Thomas de Villeneuve et du Père Ange Le Proust. La fidélité, le courage et les pressantes exhortations de leurs confrères, les Augustins de Lannion, ne purent les arrêter dans la voie fatale où ils s'étaient engagés.

Aveuglés par une rare perversion d'esprit, ils imitèrent la lâcheté et la bassesse de Luther dont l'hérésie et les affreux scandales avaient déshonoré leur ordre. Leur défaillance devint une pierre d'achoppement pour plusieurs et entraîna même beaucoup d'hommes simples et craintifs. Toutes leurs avances au parti sectaire de Lamballe ne purent les mettre à l'abri des persécutions et du mépris public.

Leur défection s'appuyait sur les motifs les plus futiles et les plus contradictoires ; Jean Verne, leur prieur, a tenu à le constater dans un acte authentique conservé aux Archives municipales. Son âge, ses cheveux blancs, sa longue habitude de vivre sous la règle des Ermites de Saint-Augustin : rien ne put réveiller dans son âme aveuglée le sentiment de la dignité, le respect de lui-même.

Né a Moulins, le 8 février 1725, suivant attestation de Berger, conseiller du roi, lieutenant général de la sénéchaussée et siège présidial de Moulins, en date du 21 janvier 1744, il avait fait profession en 1746, dans l'église du couvent de Saint-Nicolas de Tolentino de Paris, faubourg Saint-Germain. Quand vint-il à Lamballe ? On l'ignore. A l'âge de 65 ans, il se crut obligé de faire, devant la municipalité assemblée, la déclaration suivante :

« Je serais porté de cœur, par devoir et par goût, à
« continuer la vie commune, si je me voyais seulement
« réuni aux religieux de ma province, mais considérant
« que l'Assemblée Nationale veut confondre dans les mai-
« sons qu'elle indiquera les différents individus des diffé-
« rentes provinces de l'ordre avec lesquels la nôtre n'a eu
« aucun rapport ni intimité, dont nous ignorons pour la
« plupart les noms, à la réunion desquelles les trente-deux
« maisons de notre province se sont opposées en 1770, je
« dépose sur votre bureau la protestation en forme de la
« maison de Lamballe, du 6 septembre 1770. Je déclare
« renoncer aux cloîtres non tels qu'ils sont encore, mais
« tels que l'Assemblée Nationale se propose de les former,
« pour mener en mon particulier, autant que les change-
« ments de temps pourront le permettre, la vie que j'ai
« vouée au Seigneur, lorsque je me suis fait religieux ; je
« déclare aussi vouloir rester dans ma maison jusqu'à ce
« que l'on s'en sera emparé et que l'on m'aura signifié
« d'en sortir : alors, la nécessité contraignant la loi, je
« chercherai un autre domicile dans la ville (1).

« Signé : Jean VERNE, *moine-prieur.* »

Dès le 6 septembre 1790, le frère René-Nicolas Le
Vavasseur, né à Saint-Brice en Coglès, diocèse de Rennes,
le 5 avril 1758, sous-diacre et religieux profès depuis le
16 février 1783, avait déclaré vouloir profiter de la liberté
de rentrer dans le monde accordée par les décrets de l'Assemblée Nationale.

Le 24 octobre, le frère Alexandre Le Brun qui avait fait
profession dans le diocèse d'Amiens, en 1766, suivant
attestation de l'évêque, quitta également la communauté de

(1) Archives municipales.

l'*Ave. Maria*. Quand l'abbé de Souleville prêta serment à la Constitution civile du clergé en l'église Notre-Dame, nous avons déjà vu que Jean Verne s'empressa de l'imiter ainsi que Jacques Jeanrod, sous-prieur, Théodore Bernard et Julien-Armel Echélard ; depuis ce moment, l'on ne parle plus de ces trois derniers.

Le prieur seul continua de jouer le plus triste rôle qui contrastait singulièrement avec la noble et belle conduite des recteurs de Saint-Jean et de Saint-Martin, MM. Milet et Brault.

Comme il devait s'y attendre, il reçut bientôt l'ordre de quitter la maison des Augustins. Le franc-maçon Le Dissez de Penanrun, fils, comme maire, le lui signifia le 23 novembre 1791, par la lettre suivante : « *Monsieur et respectable* « *confrère, le corps municipal obligé de tirer parti de toute* « *l'étendue de l'emplacement qu'il a acquis dans le couvent* « *des ci-devant religieux Augustins de cette ville, se voit* « *dans la nécessité de vous prier de chercher un logement* « *en ville, le plus tôt qu'il vous sera possible ; mais, en* « *même temps, il me charge de vous témoigner tout le regret* « *de ne pouvoir plus longtemps vous laisser jouir d'un* « *appartement auquel vous paraissiez attaché ; il lui eût* « *été bien doux de se trouver à même d'en agir autrement* « *avec un citoyen aussi digne de l'estime publique et de* « *l'attachement de tous ceux dont il est connu.*

« Le Dissez, *maire* (1). »

L'on ne pouvait pas le jeter sur le pavé avec plus de politesse, car l'on gardait encore certaines formes, mais l'heure des expulsions violentes n'allait pas tarder à sonner. Voilà donc la récompense de toutes ses coupables et cri-

(1) Archives municipales.

minelles concessions. On lui refusait un coin de chambre dans son ancienne propriété. Il se vit forcé, le malheureux, d'aller demander asile à une pauvre bonne femme, Sainte Auffray, qui l'accueillit comme un mendiant sans feu ni lieu. Une très belle bibliothèque avait été amassée et rangée dans l'une des salles du couvent ; elle était très riche en ouvrages de prix. Une partie des volumes fut portée à Saint-Brieuc et l'autre constitua la bibliothèque publique installée aux Ursulines. Comme cela ne pouvait manquer d'arriver, beaucoup d'ouvrages furent volés, et, plus tard, l'on trouva dans plusieurs familles, qui ne savaient qu'en faire, une quantité de volumes de grande valeur.

L'on conserve précieusement à la mairie de Lamballe les épaves arrachées à des mains inconscientes ou réclamées par l'administration centrale de Saint-Brieuc.

Pour toute consolation, on l'appela dans le corps municipal et on le nomma curé constitutionnel de Saint-Martin.

Ces deux fonctions ne lui donnèrent ni prestige, ni considération ; il demeura sans influence et sans autorité ; tout le temps qu'il resta à Saint-Martin il fut l'objet de la risée publique. Ses nouvelles paroissiennes, sans respect pour sa personne, lui firent avanies sur avanies ; nous en avons la preuve dans les plaintes amères d'un conseiller municipal, consignées au procès-verbal d'une séance conservé aux archives municipales.

L'on ignore ce que devinrent ses émules en schisme et en hérésie. Trois, dit-on, abjurèrent leurs erreurs au retour de la paix religieuse et le quatrième mourut dans l'impénitence finale. Si la nullité de l'ex-Augustin Verne le protégea, nous croyons aussi que son titre de franc-maçon n'y fut pas étranger. En 1793, il s'était fait recevoir dans la loge maçonnique de notre ville et y avait prononcé les affreux serments accoutumés. Son brevet de cérémonie a été longtemps conservé dans une honorable famille de notre connaissance avec son tablier, sa truelle et son triangle.

Le trait suivant peint la faiblesse ou plutôt l'inconcévable lâcheté de ce pauvre dévoyé. L'un de ses collègues avec lequel il était lié d'amitié, Jacques Riallan, conseiller municipal, ayant été accusé d'incivisme, fut incarcéré pendant deux ans, parce que l'on avait trouvé chez lui une lettre renfermant des expressions blessantes pour la République, et faisant connaître qu'un paquet adressé à M. Gofvry, vicaire général de Saint-Brieuc, demeurant à Jersey, chez M. Milet, curé de Lamballe, avait dû être expédié par Jacques Riallan. Jean Verne eut l'impudeur de remplir les fonctions de commissaire-enquêteur pour découvrir l'auteur de l'envoi. Son zèle révolutionnaire en fut récompensé par un certificat de civisme, en 1794 ; ce qui ne l'empêcha point d'être quelques semaines plus tard arrêté et jeté en prison, comme un vulgaire réactionnaire. Ni son tablier de franc-maçon, ni son écharpe municipale ne purent le sauver ; un ordre du proconsul Carpentier, représentant du peuple à Saint-Malo, lui fit donner un successeur comme conseiller.

En 1796, il n'eut pas honte d'ajouter à tous ses actes criminels le serment de haine à la royauté, pour lequel son ministère de charité aurait dû lui inspirer la plus vive répulsion. Depuis cette chute, le plus profond silence a régné sur sa personne. Puisse-t-il avoir eu la grâce de se repentir avant de mourir ! ! ! Aujourd'hui, de l'église des Augustins, comme de leur maison conventuelle, il ne reste plus pierre sur pierre.

Le Couvent des Ursulines.

Les Ursulines de Paris s'établirent à Rennes en 1617 ; celles de Bordeaux vinrent de Laval à Dinan et à Saint-Malo. En 1621, Mgr Le Porc de la Porte, baron de Pordic et évêque de Saint-Brieuc, pria la supérieure de Dinan de lui envoyer quelques-unes de ses religieuses pour fonder une maison dans son diocèse. Elles vinrent, conduites par la Mère Florentin des Anges. Il leur fit construire un magnifique monastère dans le Pré-Tison, en face du couvent de Saint-François, là où se trouvent actuellement la caserne et le Champ de Mars, et il voulut reposer après sa mort dans leur chapelle qui était dédiée à saint Charles Borromée. Les habitants de Lamballe, témoins des heureux résultats que ces religieuses obtenaient à Saint-Brieuc, résolurent de fonder une semblable maison dans leur ville. Sous l'épiscopat de Mgr de Vilazel, la communauté de ville demanda en 1632 à prendre des arrangements qui ne devinrent définitifs qu'en 1636. Les chroniques de l'ordre racontent que Mgr Berthot de Lescouet, pour lors sénéchal de Lamballe, demanda aux Ursulines de Saint-Brieuc quelques religieuses pour les établir dans sa ville, avec promesse de les aider de tout son pouvoir. La Supérieure vint à Lamballe examiner les terrains proposés et les trouva très convenables. L'évêque donna son agrément ; et elle revint, accompagnée de trois religieuses et d'une novice qui appartenait à l'une des principales familles de Lamballe.

Les voitures publiques étaient inconnues à cette époque ;

les voitures particulières étaient fort rares : c'est pourquoi
M. de Lescouet les amena dans le carosse de l'évêque,
emprunté pour la circonstance. La communauté de ville et
tous les officiers de la juridiction allèrent au-devant d'elles ;
toute la noblesse du pays et la population lamballaise les
accueillirent avec joie. Des événements imprévus et dont
la cause est restée inconnue retardèrent leur installation
jusqu'en 1636. Durant ce temps d'arrêt, les religieuses
Bénédictines de Vitré voulurent envoyer une colonie des
leurs à Lamballe, se croyant fortes de l'appui de la population. Pour éviter toute concurrence, les Ursulines adres-
sèrent une requête au duc de Penthièvre, César de Vendôme, leur seigneur suzerain, pour obtenir son agrément
de leur monastère de Saint-Charles de Saint-Brieuc, le
6 septembre 1636.

Le Duc de Penthièvre envoya aussitôt de son château
d'Anet, près Paris, des lettres dans lesquelles il enjoignait
expressément aux « juges et magistrats de Lamballe de
« faire toutes diligences pour leur établissement dans sa
« bonne ville, avec défense à toute autre congrégation de
« les inquiéter dans leur possession, et cela sans réserve,
« ni restriction. » En un mot, il leur accordait par
là-même une sorte de monopole. Dès le 22 août de la
même année, la communauté de ville assemblée sous
la présidence de M. Bertho, sénéchal, « avait accepté
« la fondation de la maison des Ursulines, à la condition
« que les religieuses eussent acheté le terrain de leurs
« deniers et fait toutes les constructions à leurs frais,
« sans incommoder le public et sans rien exiger pour
« leur entretien. »

Après avoir vu le seigneur Bertho promettre aux Ursulines qu'il les soutiendrait de tout son pouvoir, l'on a lieu
d'être étonné des conditions qu'il leur impose. La chose
est d'autant plus extraordinaire qu'il s'agissait d'une fondation ardemment désirée de tous et devant répandre sur

Lamballe et sur tous les environs les bienfaits inappréciables de l'éducation religieuse.

La maison de Saint-Brieuc, loin de se laisser décourager par les dispositions si peu bienveillantes du sénéchal de Lamballe et de la communauté de ville, confiante dans la divine Providence, ne cherchant qu'à faire le bien et à se dévouer, s'imposa toutes les dépenses voulues et bâtit le monastère qu'elle mit sous la protection de saint Joseph.

Sa confiance ne fut pas trompée ; car, à peine l'école fut-elle ouverte que les jeunes filles riches et pauvres y accoururent en foule et permirent aux Ursulines de commencer leur apostolat qui devint de plus en plus fructueux.

Dieu bénit leurs efforts ; et, en quelques années, leur pensionnat fut un des plus florissants de la contrée. Leur succès vint surtout de ce qu'à cette époque, les familles foncièrement chrétiennes comprenaient admirablement la nécessité et l'importance capitale de l'éducation religieuse.

La première fois que la Révolution française vint troubler dans leur pieuse retraite le repos des Ursulines de Lamballe, ce fut dans les premiers mois de 1791. Déjà depuis longtemps, elle retentissait à grand bruit autour de leur cloître, mais elle n'en avait pas encore franchi le seuil.

L'heure des épreuves était arrivée ; et elles allaient rencontrer tout d'abord une hostilité hypocrite, puis des dénis de justice des plus humiliants et enfin la persécution ouverte.

L'on commença par faire passer un canal au milieu de leur enclos pour l'évacuation des eaux. Ce travail occasionna la chute d'un pan de mur qui leur appartenait ; alors, elles prièrent la ville de réparer ce dégât, ce qui leur était dû en toute justice. Voici en quels termes insolents et grossiers la municipalité rejeta leur juste demande :

« Considérant, disaient ces conseillers bien élevés, *que les* « *communautés de filles sont toujours inutiles et à la charge* « *et oppression des villes ; enfin, qu'elles se présentent*

« *sous un point de vue plus déplorable encore, quand elles*
« *exigent des choses aussi injustes, arrêtons qu'il n'y a*
« *pas lieu de prendre en considération la présente sup-*
« *plique des Ursulines.* »

Voilà ce que le citoyen-maire, Pierre-Marie Loncle, n'eut
pas honte de signer. Ces quelques lignes suffisent pour
montrer à quel point l'esprit philosophique et voltairien
avait pénétré dans l'administration de cette époque.

Quand l'Assemblée nationale déclara la sécularisation de
toutes les communautés et maisons religieuses, les Ursulines
furent soumises à des tracasseries administratives continuelles, comme en témoigne la délibération suivante....

« Le 6 juillet 1791, l'on a procédé à la nomination de
« trois commissaires pour se transporter chez les dames
« Ursulines de cette ville, pour recevoir leur serment et se
« conformer à l'arrêté du Directoire du département des
« Côtes-du-Nord. Ont été nommés MM. Mareschal, Duval
« et le Procureur de la Commune qui, de suite, se sont
« rendus à ladite communauté. Les Dames toutes assem-
« blées et individuellement appelées, ont protesté de non
« conformité au dit arrêté ; en conséquence de leur résis-
« tance, on a fait fermer et patteficher la salle servant à
« l'école et instruction de la jeunesse, avec injonction à
« elles d'ouvrir les portes aux pensionnaires qu'elles avaient
« au-dessous de vingt-et-un ans, et procès-verbal du tout a
« été rapporté par les dits commissaires.

« Ont signé : P.-M. Loncle, maire, Lebot, Chanoine, Le
« Dosseur, Méheust, Mouësan, Peltier (1). »

Grand fut l'étonnement des délégués du conseil muni-

(1) Archives municipales.

cipal, lorsqu'ils virent que toutes les religieuses Ursulines sans exception refusaient net d'obtempérer à l'arrêté départemental. Il paraît que ces juges improvisés étaient loin de s'attendre à un pareil acte de courage. Humilié de cet échec, le Procureur-Syndic de la commune fit aussitôt apporter la clef du couvent et il fut décidé qu'on apposerait les scellés sur la porte de la chapelle, avec défense d'y faire aucune cérémonie publique et même d'y sonner les cloches, toutefois, après avis donné à la Supérieure. Le citoyen Loncle, alors maire, devait tenir à l'exécution de cet ordre qu'une nouvelle délibération maintenait dans toute sa rigueur. Labbé, huissier à Lamballe, fut chargé de transmettre le présent ordre aux religieuses.

Ces menaces n'eurent cependant pas leur exécution immédiate, ainsi que le prouve une lettre des Ursulines, datée du 5 septembre. Le chapelain, M. Abgrall, malade et alité depuis assez longtemps, ne pouvait plus remplir son ministère. Dans leur simplicité vraiment trop confiante, les religieuses demandèrent à la municipalité la permission de lui choisir un successeur. Comme elles eussent dû s'y attendre, l'on se moqua d'elles, ni plus ni moins, en leur faisant cette réponse dérisoire : « *Il est arrêté que les* « *Ursulines pourront choisir un remplaçant de leur cha-* « *pelain actuel, pourvu que le dit prêtre ait son domicile* « *à six lieues de distance et qu'il soit possesseur d'un* « *certificat de civisme délivré par le maire de son lieu* « *d'habitation* (1). »

C'était tout simplement demander l'impossible et vouloir leur imposer un prêtre assermenté ; aussi, s'empressèrent-elles de refuser cette offre que condamnait leur conscience. Les mesures draconiennes des révolutionnaires allaient se multipliant chaque jour, pour arriver à la destruction de tout ordre religieux. Les administrateurs de district pré-

(1) Archives municipales.

tendirent à leur tour s'immiscer dans la direction de l'intérieur de la maison ; et, dans ce but, transmirent à la Supérieure d'alors, Madame Hélène Denis, femme d'une rare énergie, un arrêté du département en date du 19 juillet 1792, qui la destituait de sa charge et lui intimait l'ordre de procéder à l'élection d'une nouvelle supérieure et d'une économe, en présence d'un officier municipal.

Les Ursulines du monastère de Saint-Joseph ne s'émurent nullement et demeurèrent inébranlables dans la ferme résolution de repousser toute ingérence des séculiers dans leurs affaires. Les commissaires délégués, Pierre Le Vavasseur et Jean Le Dosseur, furent obligés de dresser procès-verbal de leur refus. Les quarante-cinq religieuses qui représentaient tout le personnel de la communauté le signèrent toutes de leur nom de religion, et déclarèrent hautement leur volonté bien arrêtée de rester unies et soumises aux vœux solennels de leur profession, à la vie à la mort. Voici les noms de ces braves Ursulines que nous avons trouvés dans les cartons des Archives départementales où sont inscrits les noms de tous les membres des ordres religieux d'hommes et de femmes, qui existaient alors dans le diocèse :

Hélène Denis, Supérieure ; Françoise Micault ; Mathurine-Françoise de Bédée ; Magdeleine des Noes ; Françoise Poulain ; Françoise Poulain ; Rose Le Vicomte ; Elisabeth Fleurianne des Noes ; Julienne Andrée ; Claudine Le Manon ; Marianne Hérisson ; Françoise de la Villéon ; Marguerite Urvoy ; Marie de Courson ; Catherine Rouault ; Annette Le Vicomte ; Jacquemine Bonvarlet ; Julienne Le Coqu ; Ursule Gallet ; Vincente Baudré ; Louise Durand ; Agathe Grolleau ; Françoise Berruyère ; Marie-Françoise Le Provost ; Louise Langlais ; Sainte Le Vicomte ; Sylvie Langlais ; Reine Le Vicomte ; Marie de Lesquen ; Marie-Louise Kermonru-Guillou ; Sainte Pansard ; Hélène Noël ; Jeanne Plestan ; Jeanne Bidart ; Perrine Gouédard ; Jeanne

Basmeule ; Marie Eveillard ; Jeanne Corbel ; Pétronille-Jeanne Tardivel ; Jacquemine Loisel ; Marguerite Potier ; Hélène Ribourdouille ; Jacquemine Corolais ; Julienne Mahé (1).

Hélène Denis, Supérieure des Ursulines, se retira à La Poterie, en 1793 ; les demoiselles Le Vicomte, à Morieux ; Marie Courson, à Moncontour ; Françoise Micault, Louise Durand, Marie Le Prévost, Ursule Gallet, Agathe Grolleau, Marie Guillou, Hélène Noël, à Lamballe, et Sainte Pansard, à Pléneuf.

Ces noms devraient être inscrits en lettres d'or dans les Annales de l'ordre, à cause du courage et de l'unanimité de celles qui les portaient à confesser la foi religieuse en face de leurs persécuteurs. Les menaces d'expulsion qu'on leur fit dans la suite ne réussirent jamais à effrayer ces saintes et héroïques filles de sainte Ursule. Pas un instant leur fermeté dans le devoir ne faillit. Que dis-je ? Elle ne fit qu'augmenter, au contraire, au fur et à mesure que leurs ennemis démasquaient le but odieux qu'ils se proposaient.

En agissant ainsi, ces saintes filles donnaient un exemple mémorable de fidélité et de courage dans la stricte observance de la règle à celles qui devaient, dans la suite, leur succéder dans leur poste de dévouement. D'ailleurs, eussent-elles fait toutes les soumissions possibles, elles n'en auraient pas moins été expulsées de leur retraite, dépouillées de leurs biens avec le déshonneur en plus ! ! ! La suite le fit bien voir.

Fortes de leur droit, elles ne craignirent pas, dans une lettre où respirent le calme et la dignité, de reprocher avec énergie à leurs lâches persécuteurs la pénible et triste situation qui leur était faite : « *Nous avons perdu tous nos* « *revenus,* écrivaient ces courageuses femmes aux adminis-

(1) Archives départementales.

« trateurs révolutionnaires, *nous ne vous demandons rien,*
« *si ce n'est que la permission de vivre, comme c'est notre*
« *droit, dans notre maison où nous croyons finir nos jours.*
« *Pourquoi nous chasser de chez nous ? Pourquoi nous*
« *transférer ailleurs ? Si l'on veut nous ravir la possession*
« *de notre demeure, au moins qu'on nous y laisse comme*
« *locataires.* »

Cette requête fut signée par la Mère Supérieure, la Mère Préfète et la Maîtresse du Pensionnat, le 3 août 1792. Une nouvelle lettre de la municipalité leur apprit que toute condescendance à leur égard était impossible. Ces tyrans du jour, pour être dans le vrai, auraient dû dire que toute justice leur était refusée. On leur intima l'ordre de se soumettre sans plus de retard, de quitter l'habit religieux et de chercher un asile ailleurs. De plus, l'on promettait des passe-ports à celles qui s'éloigneraient du ressort de la municipalité et deux commissaires furent désignés pour assister au partage des meubles et effets mobiliers, en conformité à l'arrêté du Directoire départemental pris le 18 Septembre 1792. Le Dissez, fils, dit de Penanrun, et l'apostat Jean Verne avaient signé cette lettre d'injonction. Quant au citoyen Verne, il n'y a rien là qui nous étonne, car il était capable de tout en fait de déshonneur. Mais Le Dissez de Penanrun a lieu de nous étonner davantage. Il se fût grandement honoré, s'il fût resté fidèle aux glorieuses traditions de sa famille, en donnant avec dignité sa démission de maire, à l'exemple de l'honorable et courageux M. Micault de Mainville, plutôt que de se faire le plat valet de la franc-maçonnerie. Mais non ! Au lieu de prêter l'oreille à ces preux et loyaux chevaliers qui juraient devant Dieu et devant ses Saints de défendre le faible, la veuve et l'orphelin, et lui criaient du fond de leurs tombes : « *Potius mori quam fœdari ! Plutôt la mort que le déshonneur !* » il préféra, le malheureux, donner libre cours à la haine que les loges maçonniques lui avaient insufflée contre la religion. Il aima mieux infliger à son nom la tache honteuse qui restera toujours attachée aux lâches expulseurs de pauvres religieuses sans défense.

Elle ne fut pas sans gloire cette période de la lutte où l'on vit, d'un côté, la force brutale représentée par des municipaux insolents et sectaires, et de l'autre, le droit de ces pauvres filles inoffensives qui n'avaient à opposer que leur patience, leur résignation et leurs larmes aux violences et aux insultes dont elles étaient l'objet.

Une nouvelle demande de sursis de la part des Ursulines demeura non avenue : « Il ne nous appartient pas, « répondit-on, de dispenser de la loi, notre intérêt s'y « oppose. » Ces hommes néfastes faisaient semblant de s'apitoyer sur le sort de leurs malheureuses victimes, tout en les invitant à quitter leur maison le 28 septembre au plus tard. Ils poussaient la moquerie jusqu'à leur proposer deux commissaires pour les protéger contre les insultes de leurs ennemis.

Toutes ces belles propositions et tous ces ordres qui foulaient aux pieds le respect dû à la propriété et à la liberté eurent lieu le 24 septembre, an IV de la liberté et le premier de l'Egalité et de la République ! ! !

Les religieuses, n'ayant plus aucun moyen de résistance, courbèrent la tête sous l'orage et cédèrent à la force. Leur départ fut fixé au 28 septembre 1792. Les municipaux qui avaient tout tenté, prières et menaces, pour entraîner ces saintes filles dans le schisme, se retirèrent sans que leurs ruses eussent pu persuader à une seule d'entre elles de trahir sa conscience, en se soumettant à leurs injonctions. Plus heureux que ceux de Dinan et de Guingamp, le monastère de Saint-Joseph de Lamballe ne vit pas un seul acte d'apostasie.

Le jour de leur expulsion fut un jour de grand deuil et de profond chagrin pour elles. Les sanglots et les larmes de ces vertueuses filles qui toutes se prosternèrent et baisèrent respectueusement la terre de cette communauté à laquelle on les arrachait de vive force, touchaient les cœurs les plus durs. Les témoins attristés de cette scène ne purent les voir sans attendrissement rentrer dans le monde, comme de pauvres exilées sur la terre étrangère. Leur couvent, c'était leur patrie ; là se trouvaient leur famille, toutes leurs affections, toutes leurs espérances. On put voir ce jour, à Lamballe, combien étaient fausses les déclamations de Diderot, de La Harpe et de tant d'autres sur les *prétendues victimes cloîtrées !*

Les Ursulines de Saint-Joseph sortirent au nombre de quarante-quatre professes et d'une novice dont nous avons donné les noms. On leur laissa d'abord la liberté de se choisir un asile où il leur plairait, mais sans pouvoir se réunir pour prier, même en petit nombre. Quelque temps après, elles furent conduites à Saint-Brieuc où elles furent gardées à vue et soumises à un appel quotidien. Pendant deux ans, une maigre pension en assignats dépréciés dans leur valeur monétaire leur fut donnée ; et, quelques mois plus tard, l'on cessa complètement de leur payer cette indemnité dérisoire. Plusieurs d'entre elles ne survécurent guère à leur expulsion ; dès le 29 janvier 1796, neuf avaient déjà succombé sous le poids de leur chagrin et reçurent de leur juste Juge, avec la couronne de la virginité, celle non moins glorieuse de confesseurs de la foi. Le couvent de Saint-Joseph, autrefois le séjour du calme, de la paix et de la prière, fut transformé en maison d'arrêt, où l'on entassait nobles et plébéiens, vieillards et enfants, sous prétexte d'incivisme. Aux chants pieux des religieuses succédèrent, dans la chapelle, les plaintes, les gémisse-ments des victimes et les horribles blasphèmes des gardiens civiques, la plupart du temps ivres. Un geôlier au cœur dur, vrai Cerbère qui distribuait à ses prisonniers la plus détestable nourriture, des pois pourris, du pain moisi et une soupe sur laquelle surnageaient des milliers d'insectes, eut la garde de la prison.

Quelques jours après l'assassinat juridique de Louis XVI, le 25 janvier 1793, des visites domiciliaires furent faites dans plusieurs maisons de Lamballe, suspectes de religion et de royalisme, sous l'odieux prétexte d'y découvrir des objets cachés par les nonnes Ursulines. Les religieuses qui n'avaient pu être renvoyées à Saint-Brieuc à cause de leur grand âge, furent rigoureusement consignées en ville et soumises à l'appel nominal quotidien, mesure aussi vexatoire qu'inutile. Après plusieurs tentatives infructueuses pour rentrer en possession de leurs immeubles et trente-trois années d'exil au milieu du monde, les Ursulines purent enfin rentrer dans leur maison. Trois religieuses professes et deux sœurs converses avaient survécu, entre autres la Mère Marie-Thérèse Le Vicomte, de Lamballe.

Voici comment l'une d'elles raconte leur retour : son récit simple et naïf laisse entrevoir toute la joie qu'elles éprouvèrent à cet heureux moment.

« Ce jour, 23 octobre 1825, nous eûmes le bonheur de
« rentrer dans notre sainte maison, après 33 ans et un
« mois de séparation et de trouble, au nombre de trois
« Mères et deux sœurs. Mais la divine Providence nous
« envoya cinq respectables Mères de Saint-Pol-de-Léon,
« toutes remplies de talents et de piété, et une postulante.
« Toutes les hospitalières de Saint-Thomas de Villeneuve
« nous firent toutes sortes d'honnêtetés et nous accompa-
« gnèrent. Nous nous rendîmes à la paroisse de Saint-Jean ;
« et, après les vêpres, que Mgr Mathias Le Groing La
« Romagère chanta, nous nous rendîmes processionnelle-
« ment à notre cher asile au chant du psaume : *In exitu*
« *Israel*. Rendues à notre chapelle, Monseigneur prêcha
« sur l'avantage que cette ville avait de posséder des ursu-
« lines, nous donna sa bénédiction et nous fit baiser son
« anneau. Nous passâmes ensuite dans notre chœur où

« nous chantâmes le *Te Deum*. Beau jour que nous ne
« devons jamais oublier !

« Nous avions de jeunes enfants qui nous accompa-
« gnaient en portant un beau cierge à la main. Deux reli-
« gieuses de Quintin nous vinrent pour l'instruction, le
« 21 ou le 22 février 1828. Nous fûmes au grand réfec-
« toire le 13 octobre 1828. *Amen*. »

La bonne Mère oublie de dire qu'une foule immense et
sympathique, accourue des campagnes environnantes, for-
mait la haie sur leur passage et applaudissait à leur retour,
de concert avec les habitants de Lamballe, par de vives
acclamations. Dieu les récompensait ainsi de leur inébranlable attachement à la foi catholique et des souffrances
endurées pour le triomphe de la cause. Depuis ce jour, la
divine Providence veille sur elles d'une manière si visible
qu'elle frappe leurs amis comme leurs ennemis.

Les Filles de Saint Thomas de Villeneuve.

—

Jadis, l'on voyait à la porte des prieurés ou chapelles
de Lamballe un hôpital pour les pèlerins ou étrangers
à Saint-Jacques de Mouëxigné, un autre pour les lépreux
à Saint-Barthélémy de Saint-Lazare. Le plus vieux de nos
hôpitaux, Notre-Dame de l'Hôtellerie, remontait à une
époque très reculée : sa reconstruction vers la moitié du
dix-septième siècle lui a fait perdre son caractère et son
style ogival. Cet Hôtel où Maison-Dieu figurait dès 1387,
dans les comptes de Colin et de Lescouet, receveur du

comté de Penthièvre. Pendant les guerres civiles du XIVe et du XVe siècle, les établissements charitables de Lamballe, comme partout en France, furent pillés, saccagés et complètement ruinés ; aussi, pendant les deux siècles suivants, la charité fut totalement désorganisée. La vérité sur ces faits était déjà connue par le Béarnais, presque à la veille d'être roi de France, quand il traversa la Champagne dont les petits hôpitaux mis à sac étaient abandonnés et dont les terrains étaient cultivés par les habitants.

On raconte à ce sujet l'anecdote suivante qui lui arriva en 1592. Le Béarnais entre un jour dans un de ces petits hôpitaux ou maladreries dans lequel un vieil abbé, resté seul, mourant de faim, n'avait à lui offrir que de l'eau et un dernier morceau de pain de sarrazin et de seigle ergoté. Aussitôt l'offre faite, le Béarnais, en retour de générosité, « fait apporter un bon dîner avec vin de Cham-
« pagne et vin de Jurançon, en invitant le pauvre religieux
« à le partager avec lui.

« Le bon abbé accepte l'offre du roi huguenot, à cause
« de sa charité ; et, pendant le repas, il se plaint à lui de
« l'injustice du Parlement de Paris à leur égard, puisqu'ils
« n'ont rien à se reprocher et qu'ils sont, au contraire,
« les véritables victimes des dévastations et des ravages
« occasionnés par la guerre. Cela dit, soit par distraction
« ou pour se remettre de son émotion, il veut mettre de
« l'eau dans le vin du roi : Halte-là, répond le Béarnais,
« quand le vin est bon, je n'ai pas l'habitude de le déna-
« turaliser ; merci. Mais, quant à tes plaintes légitimes,
« je te jure, ventre saint Gris, mon Révérend Père, qu'elles
« ne sont pas tombées dans l'oreille d'un sourd !

« Et, si jamais j'entre en roi dans ma bonne ville de
« Paris, après avoir abjuré le protestantisme, je te promets
« que moi ou mes successeurs nous saurons mettre en
« temps opportun, pour vous protéger contre l'injustice,
« un peu d'eau dans le vin du Parlement. »

Et l'histoire nous apprend que le bon roi Henri IV tint parole au Béarnais ! ! ! Car, douze ans plus tard, le triste spectacle des dévastations des petits hôpitaux et maladreries de France lui donna la première idée de rendre ses édits de 1604 et 1606 sur les mendiants, les vagabonds et les faux estropiés qui les pillaient. Mais, ce que les édits royaux furent impuissants à réaliser, la charité catholique le fit.

La communauté de la ville de Lamballe choisissait dans son sein des administrateurs pour les recettes et dépenses de nos hôpitaux ; et, pendant plus de trois cents ans, elle laissa à des mercenaires le soin de distribuer aux pauvres vieillards et aux malades quelques soins inintelligents et avares. Il était réservé au dix-septième siècle d'organiser, si je puis m'exprimer ainsi, et de révéler au monde les merveilleuses industries de la charité chrétienne. Ce fut l'œuvre immense à laquelle se voua l'une des plus pures gloires du catholicisme, notre illustre et incomparable saint Vincent de Paul. La parole et surtout l'exemple de ce grand homme reçurent de Dieu une fécondité inouïe.

Le nombre des malades grandissait en proportion des calamités publiques. Lamballe fut souvent visité par la peste et les maladies contagieuses. Une succursale avait été ajoutée, depuis des siècles, sous le nom d'*hospice Saint-Yves*, qui recueillait les enfants indigents ou abandonnés et les vieillards infirmes.

Les pillages de 1589, 1590 et 1591 achevèrent de porter le désordre et la ruine dans l'administration des hôpitaux pour lesquels cependant beaucoup d'âmes généreuses faisaient de nombreux et généreux sacrifices.

Dieu qui prévoyait que des jours mauvais allaient venir, où l'on s'armerait contre l'Eglise et ses enseignements les plus purs et contre lui-même de ses plus grands bienfaits ; où l'on chercherait à éteindre dans les âmes le feu sacré de la charité, sous la main glacée d'une impiété prétendue

philanthropique, suscita un homme selon son cœur, per-
sonnifiant en lui la charité et la miséricorde évangéliques,
un saint et vénérable religieux, le Révérend Père Ange Le
Proust, Prieur des Petits Augustins de Lamballe, qui fut,
on peut le dire en toute justice, le Vincent de Paul de
notre Bretagne.

C'est en voyant l'immense détresse de nos hôpitaux que
ce charitable religieux sentit son cœur s'émouvoir de pitié
pour une si grande infortune et pour les pauvres, ses frères
bien-aimés, dont le dénûment et la misère lui arrachaient
des larmes. A peine arrivé dans notre ville, il dut inaugurer
son entrée en charge par une solennité touchante : Saint
Thomas de Villeneuve, après avoir illustré le cloître et la
dignité épiscopale par son héroïque et merveilleuse charité,
venait d'être canonisé. Cet événement couvrait de gloire
l'ordre des Augustins, auquel ce grand saint appartenait ;
aussi, les religieux de Lamballe se disposèrent-ils à le célébrer
avec toute la pompe du culte divin. Le Père Ange avait un
motif d'être plus heureux encore que ses confrères. Saint
Thomas était le modèle qu'il s'était le plus particulièrement
proposé, le jour même de sa consécration religieuse. La
solennité, à l'occasion de la canonisation, dura huit jours
entiers. Pendant toute l'octave, la belle église ogivale des
petits Augustins où elle eut lieu, ne cessa de se remplir
de pieux fidèles, avides d'entendre le récit des grandes
choses opérées par le serviteur de Dieu. Le prieur du
couvent passa lui-même presque tout son temps au pied
des autels, consacrant à de ferventes oraisons les loisirs
que lui laissait le saint ministère. Or, un jour qu'il était,
devant le Saint-Sacrement exposé, profondément absorbé
dans une méditation sur la tendre charité du saint archevêque, il se sentit fortement inspiré de fonder sous
son patronage une société de vierges qui se dévoueraient au
service des pauvres. C'est de cette pensée féconde que devait
sortir l'Institut des Filles de Saint-Thomas de Villeneuve.

Trois âmes d'élite, qu'il cultivait depuis longtemps, le secondèrent admirablement pour la fondation de l'œuvre qu'il avait tant à cœur. Plus heureux que le Père Vezelai qui tenta de fonder une œuvre semblable à Guingamp, il eut la joie de voir ses efforts couronnés d'un plein succès. Il réunit donc auprès de lui deux lamballaises, Mesdemoiselles Anne Le Maignan du Canton et Lorans du Breuil, avec Mademoiselle Le Bohu de la Pommerays de Saint-Aaron, pour fonder une société de filles chrétiennes qui se consacreraient à Dieu par les trois vœux de religion et se dévoueraient au service des pauvres dans les hôpitaux.

La ville de Lamballe, comme nous l'avons vu, possédait alors deux hospices, l'un appelé Notre-Dame de l'Hôtellerie, plus tard Hôtel-Dieu ou Petit Hôpital, l'autre connu sous le nom de l'Hospice Saint-Yves ou Grand Hôpital. Or, rien de plus affligeant que l'état où se trouvaient réduits ces deux établissements.

Le service était laissé aux mains de quelques personnes à gages, n'ayant de dévouement que pour leur salaire, avares de leur temps et de leurs soins, sans intelligence des besoins matériels des malades ni de leurs besoins spirituels et moraux.

Voilà comment l'Eglise catholique seule a le culte de la pauvreté qu'elle souffle au cœur de ses vierges, que les religions dissidentes lui envient, mais qu'elles n'ont jamais pu imiter.

C'est ce que comprenaient admirablement M. Jean Lorans du Breuil, procureur-syndic de Lamballe, chrétien sage et éclairé, ainsi que les Administrateurs qui l'assistaient. Aussi, acceptèrent-ils avec empressement la demande du Père Ange et de ses Filles qui avaient choisi l'Hôtel-Dieu pour en faire le théâtre de leurs premiers travaux.

Leur installation se fit le 2 mars 1661 ; Mesdemoiselles de la Pommerays, du Breuil et du Canton y furent conduites en grande pompe par le clergé et les magistrats, au chant du *Veni Creator* et au milieu d'une foule immense accourue de toutes les paroisses voisines.

Ce fut un émouvant spectacle de voir ainsi trois demoiselles dans la fleur de la jeunesse et de leur beauté, riches d'un noble nom et appartenant aux premières familles du pays, dire adieu au monde qui les enviait, à leurs familles qui les pleuraient, à l'avenir brillant qui leur était promis, pour devenir les humbles servantes des pauvres et des malades.

A peine arrivées à l'Hôtel-Dieu, les Hospitalières de Saint-Thomas transformèrent cet établissement et firent succéder l'ordre au désordre, une sage économie à des dilapidations journalières, la paix aux troubles, avec toutes les bénignes influences de notre sainte religion. Une nouvelle ère commençait pour cette maison et l'histoire de ses premières religieuses en devint la page la plus glorieuse. La Mère du Canton remplaça à l'Hôtel-Dieu, comme supérieure, la Mère de la Pommerays qui emporta avec elle, dans la tombe, les regrets unanimes de tous ceux qui l'avaient connue et la regardaient comme le type parfait de la véritable sœur hospitalière. Ce fut alors que le Père Ange Le Proust rédigea les Constitutions et les remit à ses filles spirituelles.

Ces statuts sont empreints d'une grande sagesse. Le fond en a été emprunté à la règle du Tiers-Ordre de Saint-Augustin. On y reconnaît le véritable esprit de l'Evangile, cet esprit de force et de douceur qui rend léger le joug de l'obéissance, sans compromettre l'autorité. Les Constitutions une fois en vigueur, tous les membres de l'Institut prirent l'habit religieux et furent admis à prononcer les vœux perpétuels.

A partir de ce moment, l'on put dire, en toute vérité, que l'œuvre du Père Ange était assurée pour l'avenir et que la congrégation dont il avait eu l'heureuse et féconde idée était solidement fondée. Et voilà que ce grain de sénevé béni de Dieu se développe et produit un grand arbre dont les rameaux s'étendent dans la Bretagne tout entière et jusque dans la capitale de la France où l'Institut posséda jusqu'à quatre maisons. Le Père Le Proust eut bientôt des établissements à Saint-Brieuc, Moncontour, Dol, Saint-Malo, Rennes, Quimper, Concarneau, Landerneau, Brest, Morlaix, Malestroit et Châteaubriant.

Toutes ces fondations ne se firent pas sans que le fondateur eût à surmonter bien des difficultés de tous genres. Dieu ne ménage pas les épreuves à ceux dont il veut faire ses instruments.

Tantôt il avait affaire avec des administrateurs d'hospices bizarres et stupides ; tantôt il avait à soutenir des procès pour recouvrer ou conserver le bien des pauvres. Ses confrères en religion eux-mêmes blâmèrent hautement un zèle qu'ils regardaient comme exagéré et contraire à l'esprit de leur ordre !!! Mais le Père Ange, fort de la protection d'en haut, marcha toujours vers son but, sans jamais se laisser décourager un seul instant.

Ce que l'on raconte de sa charité est vraiment admirable : après avoir récité l'office des religieux, à minuit, il prenait à peine une heure de repos et se rendait à l'Hôtel-Dieu où il prodiguait aux malades les soins les plus pénibles et les plus rebutants. Son immense amour pour les pauvres qui inspirait et dirigeait toutes ses démarches, prenait sa source dans son grand amour pour Notre-Seigneur Jésus-Christ, dans l'esprit de pauvreté et de mortification dont il était pénétré.

En 1684, la ville de Lamballe, voyant les heureux changements que les religieuses avaient apportés dans l'administration de l'Hôtel-Dieu, proposa à ces filles charitables de se charger du second hôpital de la ville, connu sous le nom de Grand Hôpital ou Hospice Saint-Yves. Le 5 novembre de la même année, la Mère Jeanne Le Blanc de Boisanne prenait possession de cet établissement. Elle nous a laissé écrit de sa main, le touchant récit de son entrée dans cet hospice qu'elle venait régénérer. Ce manuscrit nous montre toute l'étendue du mal auquel l'institution du R. P. Le Proust était appelée à remédier.

« Lorsque j'entrai dans l'hospice, écrit-elle, je fus fort
« étonnée de ne voir personne. J'appelai à plusieurs
« reprises, nul ne me répondit : enfin, avec un long
« effort, une tête se souleva à demi du milieu d'un tas de
« fumier et dit d'une voix mourante : « Au nom de Dieu,
« assistez-nous. » Je découvris alors ce quelque chose qui
« gémissait et rampait dans une paille humide et infecte.
« C'étaient les enfants de l'hospice ! ! !
« Ils n'avaient vu personne depuis la veille et mouraient
« littéralement de faim : les moins affaiblis étaient allés
« mendier en ville ; les autres restaient abandonnés, atten-
« dant la mort. Je cours à la cuisine, à l'office, tout était
« vide : je dépêchai la sœur converse qui était venue avec
« moi vers la Supérieure de l'Hôtel-Dieu qui se hâta
« d'envoyer du vin, du bouillon, des biscuits et des œufs.
« Les pauvres enfants commencèrent à revivre. Après avoir
« pourvu à leurs plus pressants besoins, je voulus mettre
« ces petits malheureux plus à l'aise dans leurs lits, mais,
« quand j'eus soulevé les misérables haillons qui les cou-
« vraient, je reconnus qu'ils n'avaient, les infortunés, ni
« draps, ni chemises, ni couvertures ; leur couche n'était
« qu'un monceau de guenilles toutes pourries et pleines
« de vers.
« A ce spectacle, je ne fus plus maîtresse de moi-même,
« je me mis à pleurer à chaudes larmes et je m'aban-
« donnai au découragement, quand survint M. Jacques
« Lesné, recteur de Saint-Martin : « Consolez-vous, Madame,
« me dit-il, il faut avoir confiance en Dieu : soyez leur
« mère, moi je leur tiendrai lieu de père. » Il sortit, me
« laissant consolée, et bien que la terre fût couverte de
« neige et qu'il fût bientôt impossible de se procurer de

« fourrages, il revint avant la nuit avec deux charretées
« de paille et deux douzaines de couvertures. Le bon
« recteur ne s'en tint pas là; il visita les plus riches mai-
« sons de la ville et sa quête fut assez heureuse pour que
« tous les enfants eussent des draps et des chemises et
« pussent être convenablement couchés dès le premier
« soir. »

Peu de temps après, les religieuses de Saint-Thomas
avaient complètement renouvelé notre pauvre hospice au
point de vue matériel et moral. Avec les ressources dont
elles disposaient et les aumônes qu'elles recueillirent, elles
achetèrent des métiers de tisserands et firent initier les
enfants de l'établissement au tissage des étoffes du pays.
Du même coup, elles procuraient une nouvelle source de
revenus pour l'hospice, tout en y introduisant un puissant
moyen moralisateur, le travail. Comment énumérer toutes
les fondations et les abondantes aumônes qu'elles valurent
à la maison et qui permirent de subvenir aux besoins du
grand nombre de pauvres qui incombaient alors à la ville?

Quant à leur dévouement, il faut l'avoir vu à l'œuvre
pour l'apprécier à sa juste valeur. Dégagées de toutes les
préoccupations de la vie, les Hospitalières de Saint-Thomas
de Villeneuve n'ont qu'un but, qu'une pensée, c'est
d'atteindre l'idéal qui remplit leur âme : le dévouement et
le sacrifice. Rien ne les arrête, rien ne leur répugne. Elles
entourent les malades, les vieillards et les orphelins de leur
pieuse et maternelle sollicitude. Étrangères à tous les événements, elles n'ont qu'un mobile, la charité; qu'un but,
le soulagement et la consolation de toutes les souffrances
qui peuvent assaillir l'homme du berceau jusqu'à la tombe.
Il faut avoir le courage que donnent une foi vive et une
charité ardente pour faire ce qu'elles font dans tous nos
hôpitaux, car, je le demande, y a-t-il quelque chose de
plus répugnant, de plus dégoûtant que de soigner des
poitrinaires aux crachats purulents ? que de panser des

plaies gangrenées où fourmillent les vers à l'odeur nauséa-
bonde et repoussante ? Eh bien ! elles font tout cela simplement, sans pose, le sourire aux lèvres. Nous avons vu
dans notre hôpital une de nos excellentes religieuses tenir,
de sept heures du soir à quatre heures du matin, un
pauvre enfant agonisant dont le front, ouvert par une chute,
laissait échapper des flots de sang qui maculait sa guimpe
blanche. Que de pères de famille, que de malheureux
doivent la vie à leurs soins aussi intelligents que dévoués !
Que de fois ne les avons-nous pas vues s'imposer des
veilles, pendant huit et dix jours, pour surveiller des
artères coupées dont l'hémorragie devait fatalement amener
la mort des blessés !

Ecoutons un homme qui a longtemps vécu avec les sœurs
des hôpitaux : « *Honneur donc et gloire, dit-il, à ce saint*
« *et vénérable religieux, le R. P. Le Proust, dont la statue*
« *devrait s'élever depuis longtemps sur l'une de nos places*
« *publiques pour perpétuer à jamais la reconnaissance de*
« *Lamballe, pour avoir arraché à la ruine notre hospice*
« *où ces religieuses se dévouent depuis plus de 230 ans,*
« *avec un zèle admirable et un désintéressement qui n'a*
« *pas son pareil dans aucun autre ordre hospitalier.* »

« Je les ai vues nombre de fois, ces excellentes sœurs
« hospitalières, dans ces tristes salles d'hôpital où elles
« savent faire luire un rayon de gaîté. Rien de triste et lugubre
« comme ces salles aux blanches murailles, avec ces files
« de lits aux blancs rideaux ; on se sent le cœur pris
« comme dans un étau ; mais, quand la sœur entre avec
« un doux sourire sur les lèvres, le cœur s'épanouit et la
« tristesse s'envole. Je les ai vues causer tendrement avec
« les malades, avoir un bon mot pour tous, des préve-
« nances incroyables. Et jamais un mot d'impatience,
« jamais un signe d'irritation. S'il est des femmes, des
« religieuses aimées du peuple, ce sont bien celles-là. Je
« les ai vues à l'Enfant-Jésus avec de pauvres bébés souffre-

« teux que les médecins cherchent à sauver du mal affreux
« qui les ronge si jeunes ; je les ai vues les comblant de
« soins, attentives à leurs moindres gestes, les gâtant
« comme de jeunes mères. Caché au coin d'une porte,
« j'admirai l'une d'elles qui avait pris par les mains un
« tout petit bébé de trois ans et le faisait danser en lui
« chantant doucement une ronde, souvenir d'enfance bre-
« tonne (1). » Je n'en finirais pas, s'il fallait citer tous les
témoignages rendus au dévouement des Hospitalières de
Saint-Thomas de Villeneuve et à l'héroïsme de celles qui
sont mortes victimes de leur charité.

Le décret du 15 avril obligeant les aumôniers et les
sœurs hospitalières à prêter le serment schismatique à la
Constitution civile du clergé, la persécution révolutionnaire
pénétra jusque dans les asiles de la souffrance, ne tenant
aucun compte des services rendus. Heureusement, il y
avait comme aumôniers aux hôpitaux de notre ville, deux
prêtres qui proclamèrent, avec la sainte audace et le courage des vrais soldats du Christ, la doctrine de Jésus-Christ,
en face des tyrans de l'époque. Ces deux admirables
modèles de l'apôtre et du confesseur de la foi, c'étaient
MM. Henri Briosne, aumônier de l'Hôtel-Dieu, et Duchemin, aumônier de l'Hospice Saint-Yves.

Avant leur départ pour l'exil, ils avaient tous deux
encouru la colère et la haine des administrateurs républicains, parce que leur attachement inébranlable à l'Eglise
catholique faisait contraste avec la lâcheté des prêtres
assermentés. Avant de quitter leurs pauvres et leurs malades, ils avaient eu soin de les prémunir contre tout entraînement dans l'erreur schismatique. Le sans-gêne de
M. Duchemin les humiliait et finit par échauffer tellement
leur bile qu'ils appelèrent le Procureur de la Commune à
leur secours. Celui-ci s'empressa de lancer un réquisitoire

(1) Cosnier. *Les Sœurs hospitalières.*

furibond, dans lequel il affirmait : « *que le public mur-*
« *murait contre la présence du sieur Duchemin à Lam-*
« *balle et contre sa conduite inconvenante envers le curé*
« *constitutionnel, Clérivet, dont il ne craint pas de se*
« *moquer même en public ! ! !* »

Il le faisait suivre de plusieurs considérants assez curieux,
dont voici quelques-uns : « *Vu que les religieuses de l'hos-*
« *pice, n'étant pas cloîtrées, doivent se présenter à la*
« *paroisse et n'ont pas besoin de chapelain ; vu que le sieur*
« *Duchemin n'est pas seulement le chapelain des religieu-*
« *ses, mais encore des malades de la ville qui se trouvent*
« *à l'hôpital, et qu'à ce titre il importe que l'hôpital soit*
« *immédiatement desservi par un prêtre-citoyen ; considé-*
« *rant enfin que la présence du sieur Duchemin met le*
« *trouble dans cette maison, et que le salut du peuple est*
« *la suprême loi (mensonge éhonté), et que la municipalité*
« *doit prendre tous les moyens utiles pour arriver à cette*
« *fin, le Conseil arrête unanimement que Duchemin sera*
« *conduit, dans le plus bref délai, au département par la*
« *gendarmerie nationale, pour être statué par les adminis-*
« *trateurs, ainsi qu'il appartiendra (1).* »

Averti à temps, par des amis fidèles, M. Duchemin
n'attendit pas les gendarmes et se mit en sûreté, ainsi que
son collègue, M. Henri Briosne. Après s'être cachés, pendant plus d'une année, dans les environs d'où ils reve-
naient très souvent à Lamballe, pour y administrer les
sacrements, ils s'embarquèrent avec plusieurs autres confrères, le 28 octobre 1792, à Erquy, d'où ils se rendirent
à Jersey. De là ils allèrent à Londres avec MM. Metris de
la Salette et Jean-Baptiste Briosne. Doué d'une intelligence
remarquable et des plus heureuses qualités, M. Henri
Briosne alla étudier à Rome et en revint vers 1804, docteur
en théologie et en droit canonique. Quelque temps après,

(1) Archives municipales. Séance donnée le 28 juillet 1791.

atteint de fièvres contractées en Italie, il mourut à Lamballe dont il était originaire, ainsi que son frère Jean-Baptiste.

Les Hospitalières de Saint-Thomas de Villeneuve se montrèrent les dignes émules des Ursulines et eurent même une gloire de plus que ces dernières, car plusieurs d'entre elles furent emprisonnées pour leur foi. Malgré les vexations et les avanies qu'on leur faisait subir presque chaque jour, elles continuèrent, aussi longtemps que leur conscience le leur permit, de donner leurs charitables soins aux pauvres et aux malades de nos deux hôpitaux. On ne tenait aucun compte de leur généreux dévouement, aussi, étaient-elles soumises à une surveillance aussi outrageante qu'injuste. Mais rien ne les empêcha de se conserver dans l'esprit de leur saint état et dans l'attachement à la foi catholique avec une unanimité et une énergie qui leur font le plus grand honneur.

Dès le commencement du mois de juillet 1791, l'on se plaignit amèrement « *de ce que les religieuses de l'hospice* « *Saint-Yves, poussées par l'esprit de fanatisme le plus* « *inconcevable, ne se contentaient pas de blâmer la conduite* « *des prêtres jureurs et de s'absenter des offices de la* « *paroisse, mais empêchaient les pauvres d'y assister !* » La délibération qui décida leur renvoi mérite d'être reproduite tout entière, car elle est pour nos excellentes religieuses un vrai titre de gloire.

« Le Conseil Général, considérant que la liberté des
« opinions religieuses ne peut être permise qu'autant
« qu'elles n'apportent pas de troubles dans la société, que
« si l'on peut avoir telle ou telle opinion, on ne doit point
« chercher à la faire adopter aux autres, surtout lorsqu'elle
« n'est pas conforme aux lois de l'État ; considérant que
« les religieuses de l'Hôpital sont chargées de l'éducation
« des enfants pauvres qui y sont élevés; que tout institu-

« teur ou institutrice est obligé de prêter serment à la
« Constitution ; *que ces religieuses s'y sont toutes opiniâtré-*
« *ment refusées et que leur entêtement met la division*
« *dans l'hôpital ;* considérant encore que tous les établis-
« sements publics sont sous la surveillance immédiate du
« corps municipal, qu'il a conséquemment le droit de
« réprimer, de la manière qui lui paraît la plus avanta-
« geuse, les abus qui peuvent s'y commettre ;

« Le dit Conseil, ouï le Procureur de la Commune en
« ses conclusions, *a arrêté que les religieuses du dit hôpital*
« *Saint-Yves seront tenues d'en déguerpir* (sic) *sous les*
« *vingt-quatre heures,* sauf à pourvoir à leur remplace-
« ment.

« Fait et arrêté en la maison commune, le vingt-six
« septembre mil sept cent quatre-vingt-onze.

« Pierre-Marie Loncle, Lebot, Bichemin, Levavasseur,
« maire, Duval, Le Dosseur, Nérose, Paulmier, procu-
« reur (1). »

Voilà des noms qui méritaient trop d'être attachés au
pilori de l'histoire pour que nous les eussions laissés dans
l'ombre.

L'on ferma la chapelle dont les portes furent pattefichées
et scellées. Les ordres de la société républicaine, organe
direct des loges maçonniques, ayant prévalu, ils furent
écoutés et suivis à la lettre. Ils expulsèrent donc, après
plus de cent ans de services rendus, sachant bien qu'il
leur serait impossible de les remplacer près des pauvres et
des malades, ces charitables Filles de Saint-Thomas qui
n'avaient jamais demandé qu'à se dévouer et à consoler les
malheureux.

Malgré toutes les précautions que prirent les religieuses

(1) Archives municipales. Séance du 26 Septembre 1791.

pour tenir secret le jour de leur départ, il fut connu dans toute la maison. Ce jour fut un jour de larmes et de désolation où notre pauvre hospice fut témoin de scènes déchirantes, impossibles à décrire.

Un matin donc, toutes nos bonnes religieuses se réunirent, les larmes aux yeux, larmes furtives bien vite essuyées, car elles ne voulaient faire de chagrin à personne. Elles font une dernière ronde comme à l'ordinaire, donnant à tous, comme si rien d'extraordinaire n'allait se passer, une parole de consolation, d'espoir, un sourire d'amie ; elles ont dit ensemble une dernière prière, y mêlant ceux qu'elles laissaient et ceux qui les chassaient, montrant le ciel à ceux qui avaient des paroles de révolte ; et jetant en arrière sur les salles aux blanches murailles et les lits aux blancs rideaux un dernier et timide regard, elles ont disparu silencieusement.

Les pauvres malades, dressés sur leur séant, les regardaient, le cœur rempli d'angoisse, écoutant pour la dernière fois leurs douces paroles ; ces paroles semblables à des caresses qui les berçaient dans leurs prières et les endormaient avec des rêves d'espoir ; ces paroles qu'ils étaient toujours si heureux d'entendre et auxquelles elles joignaient un doux sourire, semblable à un soleil dans la nuit de l'hôpital, entendant encore une fois le bruit des grains du chapelet qui leur annonçait l'arrivée de la sœur, venant tendrement se pencher sur leur chevet et leur demander s'ils n'avaient besoin de rien. Et ce matin-là, quand la dernière religieuse eut disparu derrière la dernière porte, les pauvres vieillards et infirmes se penchant sur leur oreiller le mouillèrent de larmes bien amères.

Quand, avant de partir, les religieuses voulurent embrasser une dernière fois leurs chers orphelins, ces pauvres petits se cramponnèrent à leurs robes, en poussant des cris lamentables. A ce moment, les Filles de Saint-Thomas n'y tinrent plus, les sanglots étouffèrent leurs voix, et elles mêlèrent leurs larmes à celles des malheureux enfants auxquels on les enlevait de vive force et aux étreintes desquels elles eurent mille peines à s'arracher. Les véritables et fidèles amies des pauvres étaient parties et l'on pleurait à l'hospice Saint-Yves, comme on pleure de bonnes et tendres mères.

Entre tant d'autres, l'hospice de Lamballe en fut une preuve frappante. Les sectaires lamballais, qui exécutaient d'une manière consciente ou inconsciente les ordres de la franc-maçonnerie, s'abusaient étrangement lorsqu'ils se figuraient pouvoir improviser des hospitalières du soir au lendemain.

Ils trouvèrent sans doute des infirmières laïques, mais ces infirmières ne furent que des mercenaires, des employées d'administration n'ayant aucune des vertus nécessaires pour faire des infirmières modèles. Pour être employé quelconque, il n'est pas besoin de dépenser beaucoup de vertu et de grandeur d'âme ; mais, pour faire les œuvres de la charité qui vient du cœur, c'est une tout autre affaire, parce que la charité exige la vocation, et chez elle on n'entre pas en condition.

Pour se condamner à vivre dans l'air méphitique des salles d'un hôpital, pour aimer les pauvres, panser leurs plaies et verser la consolation dans leurs cœurs ulcérés et souvent pervertis, il faut se renoncer soi-même, chaque jour ; or, la religion catholique seule en fournit les moyens, l'inspiration et la force. Le gaspillage, l'inconduite et les désordres de toutes sortes que les citoyennes-infirmières introduisirent au Grand Hôpital le prouvèrent amplement aux administrateurs philosophes de Lamballe.

Tout d'abord quelques femmes, d'ailleurs connues pour leur bienfaisance, par un sentiment d'humanité qui les honore, crurent pouvoir accepter la lourde tâche de remplacer les religieuses.

Mesdames Hervé, Mérite, Le Sage, Anne Le Prieur,

Sébastienne Lorre, Mahé voulurent bien se charger du soin des malades et des pauvres. Mais, en face des difficultés toujours croissantes de leur délicate mission, leur bonne volonté fut bien vite à bout, leur zèle de la première heure s'épuisa rapidement. Bref, après quinze jours à peine de service à l'hospice, découragées et impuissantes, elles abandonnèrent la place en déclarant hautement que « *des « religieuses seules, ayant cette vocation, pouvaient s'ac- « quitter convenablement d'un pareil service* (1). » Elles furent remplacées par les citoyennes Touchant, Chapelain, et Le Sage qui reçurent ce nom de citoyennes parce qu'elles avaient prêté serment à la Constitution civile. Inutile de dire qu'elles ne réussirent pas mieux que leurs devancières.

A l'Hôtel-Dieu, les choses se passèrent autrement. Si, au Grand Hôpital, régnait un esprit de respect et de profond attachement pour les religieuses, esprit qui s'affirma, pendant tout le temps de leur absence, il n'en fut pas ainsi au Petit Hôpital. Là, les malades, hommes étrangers au pays et imbus des plus mauvaises doctrines, faisaient entendre très souvent les plaintes les plus amères contre l'incivisme de leurs gardiennes (textuel).

Sur la dénonciation de Jean-François Laisné, marin de profession, Jeanne Briosne, religieuse hospitalière, « *fut « condamnée à huit jours de prison pour ses propos incen- « diaires, disait l'accusation. C'était une correction muni- « cipale qu'on lui infligeait, portait la sentence ; de plus, « elle devait être expulsée de la ville, la Supérieure admo- « nestée et la condamnation affichée à cinquante exem- « plaires.* » Voilà le jugement, aussi inique que ridicule, que ne craignirent pas de prononcer nos exaltés contre une pauvre religieuse qui n'avait commis d'autre crime que de remplir son devoir; et cela, sur la simple dénon- ciation d'un vaurien ! ! !

_____

(1) Archives municipales.

Quelque temps plus tard, sur la dénonciation des citoyens Henry, Onfroy et Baudry, ils poursuivirent de nouveau la Supérieure du Petit Hôpital. Sur le rapport des fameux commissaires délégués, Bichemin, Copin, Le Dosseur, Padel, Prével, Verdier et R....., Jérôme, la Mère de Mauny, qui avait déjà subi *un jugement correctionnel pour cause d'incivisme, fut condamnée à plusieurs mois de prison* qu'elle subit dans la maison d'arrêt des Ursulines. La mère Boixière, avec quelques autres sœurs, demeura à l'Hôtel-Dieu où elle eut le bonheur d'être oubliée près de ses malades.

Quant au Grand Hôpital, dès le 10 mars 1793 la laïcisation y avait produit ses fruits. Le désordre y régnait tellement que les administrateurs en avaient assez de pourvoir au remplacement successif des citoyennes-infirmières qu'ils étaient obligés de renvoyer, à chaque instant, pour leur flagrante immoralité.

Un simple coup d'œil sur les délibérations de la Commission de l'hospice, dans ces tristes temps, convaincra nos lecteurs que nous n'avons rien exagéré.....

« *Dans la séance du 3 ventôse, an VII de la République,*
« *Jeanne Morvan, femme de mauvaise vie, que l'on avait*
« *établie chef de l'atelier du travail des enfants!!!, fut*
« *renvoyée à cause de sa mauvaise conduite...*

« *Dans la séance du 16 floréal, an VII, l'on se plaint des*
« *abus qui règnent à l'hospice et du manque total de soins*
« *pour les pauvres, ainsi que de la zizanie qui existait*
« *entre les citoyennes-infirmières et de l'inconduite des*
« *domestiques...*

« *Dans la séance du 27 thermidor, an VIII, plaintes*
« *contre les citoyennes Chapelain et Faucillon pour leurs*
« *mauvaises mœurs et leur manque de soins.* »

Tout le temps qu'il y eut à l'hospice des infirmières laïques il en fut ainsi. Les nombreuses et continuelles expulsions dont parlent toutes les délibérations de ce malheureux temps en font foi : mais nous ne saurons jamais tous les crimes qui furent commis alors, car, quand il s'agit de parler des fautes des infirmiers et des infirmières laïques, ces braves républicains francs-maçons n'en disent que le moins qu'ils peuvent. Il dut s'y passer sans aucun doute ce que nous voyons aujourd'hui dans les hôpitaux laïcisés de Paris.

« *Ils se garderont bien de nous dire, écrit le* Cri du
« peuple *du 3 septembre 1886, qu'ici c'est un malade qui*
« *meurt d'un lavement dans lequel une infirmière à mis*
« *40 grammes d'acide phénique, au lieu de 40 centigram-*
« *mes ; que là, c'est une pauvre femme que l'on oublie dans*
« *un bain chaud où elle meurt asphyxiée et brûlée toute*
« *vive ; ailleurs, c'est un enfant qui vient de naître,*
« *qu'une jeune infirmière dépose sur un poële brûlant et*
« *qui meurt des suites de ses blessures.* »

Le Radical *publiait, le 21 août 1888, la note suivante,*
disant : « *Un accident fatal s'est produit à l'asile d'aliénés*
« *de Marseille, laïcisé. Un malade de la section des gâteux,*
« *appartenant à la haute société de Marseille où il a*
« *occupé une grande situation, s'étant sali plus que de*
« *coutume, son gardien particulier, pour le laver, trempa*
« *une éponge dans un liquide phénique à forte dose et*
« *nettoya le malade des pieds à la tête. Le corps du mal-*
« *heureux devint comme une plaie, et le malade expira peu*
« *de temps après. Quand les docteurs déshabillèrent le*
« *cadavre, des lambeaux de chair tombèrent avec les*
« *vêtements.* »

Tout cela est raconté comme un simple fait divers, sans un mot de blâme pour le bourreau de ce malheureux. Voilà comme sont traités les malades quand la religion n'est pas là pour les protéger.

Les Sœurs de Saint-Thomas de Villeneuve, nous l'avons vu, avaient quitté le Grand Hôpital, au milieu des larmes et des sanglots des enfants et des malades qui leur demeu-rèrent attachés avec une rare fidélité. La séance de la

Commission administrative du 27 pluviôse, an VII, en fait foi. Nous ne pouvons résister au plaisir de la résumer.

« *L'administration*, y est-il dit, *s'est occupée des moyens* « *à prendre pour rétablir le bon ordre troublé et la subor-* « *dination méconnue par les pauvres.* »

Ces derniers, faisant la comparaison entre les citoyennes et les sœurs, disaient hautement leurs regrets : voilà les crimes impardonnables qu'on leur reprochait et que l'on fit expier à plusieurs par l'expulsion.

« *Considérant*, continue la dite délibération, *que les* « *exhortations que l'administration avait cy-devant faites* « *aux délinquantes (car toutes sont des filles,) de se com-* « *porter avec sagesse n'ont produit, pas plus que les mena-* « *ces, aucun effet, et qu'elles continuent à tenir les propos* « *les plus anti-civiques, tels que ceux-ci : Vive le roi ! Au* « *diable la nation ! que l'on nous donne nos anciennes* « *religieuses, notre ancienne administration !!! Et consi-* « *dérant que ces actes de rébellion continuent à se réitérer,* « *l'administration a cru n'avoir d'autre parti à prendre* « *que celui de purger l'hospice de ces sujets corrompus, de* « *crainte qu'ils ne gâtent l'esprit des autres enfants moins* « *âgés qu'eux ; et, en conséquence, s'est décidée à remettre à* « *leurs parents les trois filles les plus coupables, Thérèse* « *Lingénieux, Julie Desieu, et Marie-Josèphe Thomas.* »

Voilà une preuve officielle que, malgré tous les moyens employés, les pauvres de notre hospice, après sept ans de séparation, conservaient, pour leurs anciennes religieuses, la reconnaissance et l'affection la plus vive et la plus profonde.

Ce fait, nous semble-t-il, leur fait autant d'honneur que le décret de la Convention *qui avait mis les Religieuses de Saint-Thomas de Villeneuve au rang des bienfaiteurs de l'humanité.*

Le départ des sœurs ne fut pas seulement un sujet de désolation pour les pauvres, une source de grands désordres que l'administration fut impuissante à empêcher, mais encore une cause de ruines. D'après une enquête du 8 brumaire, an V de la République, il fut reconnu qu'en l'espace de quatre ans, le revenu de l'hospice qui était de 5.079 livres 18 sols avant la Révolution était réduit à 1.127 livres, sans parler de la perte des aumônes et des nombreux secours particuliers annuels qui avaient complètement cessé. De plus, les bâtiments étaient dans un tel état qu'ils exigeaient une très coûteuse et urgente réparation.

La literie était toute à renouveler, ainsi que le linge et les vêtements des pauvres qui étaient en lambeaux.

En conséquence, le tout ayant été vérifié avec le plus scrupuleux examen, il fut arrêté : « *de présenter une péti-* « *tion aux administrateurs du département pour demander* « *le remplacement des rentes perdues en biens nationaux* « *du même produit, et un secours de dix mille francs, pour* « *subvenir aux réparations des bâtiments, remonte en* « *linges, hardes et autres objets disparus.* »

La laïcisation avait donc produit tous ses fruits, et les correspondances échangées avec Carpentier n'avaient pu suppléer à l'absence des religieuses. Le gaspillage des revenus, du linge et des remèdes avait fait retomber le Grand Hôpital dans les lamentables conditions où Mère Le Blanc de Boissanne l'avait trouvé plus d'un siècle auparavant.

Aussi, les édiles lamballais, attristés des suites désastreuses de ces quelques années de laïcisation, s'empressèrent-ils, dès qu'ils virent l'horizon s'éclaircir, de demander, avec de grandes instances, à la Révérende Mère Walhs de Valois, supérieure générale d'alors, le retour de ses religieuses dans notre hôpital.

Ces filles admirables, oubliant les injustes persécutions et la noire ingratitude dont elles avaient été l'objet, revinrent avec joie reprendre leur poste de dévouement ; et, en

1801, sauvèrent une seconde fois notre hospice du désordre et de la ruine. Honneur donc aux vaillantes et charitables religieuses de Saint-Thomas de Villeneuve pour lesquelles la ville de Lamballe n'aura jamais assez de reconnaissance, puisque depuis plus de deux cents ans, elles soignent ses pauvres et ses malades avec un dévouement et un désintéressement que Dieu seul peut récompenser.

Nous venons de le voir, la divine Providence se réservait une de ces vengeances dont elle est coutumière : c'était d'amener les plus acharnés contre la charité chrétienne à redemander avec instances, pour leurs hospices ruinés, ces hospitalières dévouées qu'ils avaient insultées, chassées de leurs maisons, condamnées à l'exil et à la prison quand ils ne les envoyaient pas à la mort. La conscience, révoltée par les attentats horribles de la Révolution, aime à se reposer dans la contemplation d'une si douce victoire remportée sur le crime par la charité chrétienne.

TABLE

1299 — Saint-Brieuc. — Imprimerie René PRUD'HOMME.

S. BRIOCVS
S. YVO
Prud'homme

www.ingramcontent.com/pod-product-compliance
Ingram Content Group UK Ltd.
Pitfield, Milton Keynes, MK11 3LW, UK
UKHW022049070726
13613UKWH00002B/738